赠黄璨姐妹，

    愿神透过这本书祝福你！

            李鹏飞 弟兄

            08/22/2018

[美] 琼妮·厄尔克森·多田（Joni Eareckson Tada）
史蒂夫·埃斯提（Steve D. Estes）著

朱燕楠　阚春梅　译

曾经苦苦追问《上帝在哪里》
如今喜乐感恩：你就在这里！

A STEP FURTHER

风闻有你

团结出版社

写给你的体己话

房间里一片昏暗。亨里克坐在一把直背椅子上，他虽然才50岁，看起来却像一位年届七旬的老翁。此刻，他正盯着我的眼睛。

"很多年前我就听人说起过你，今天总算见到你了。你可帮了我们这里不少人的大忙。我们早就把你写的书发下去了，人手一册。"亨里克操着一口不甚流利的英语，一边说着，一边摩挲了几下手中那本书的封皮。书皮磨损严重，上面的字迹都模糊了。我端详了一下才勉强认出了书名——"Krok Dalej"。这可是我第一次见到《风闻有你》这本书的波兰语版本。

"你能来我们波兰访问，我们真是太感激了。说起来，我们在这些年里可真是经历了一些考验呢。"

像我这样一个瘫痪的人，能跟这位在另一种制度下生活了30年的波兰牧师分享些什么呢？想一想，你跟他有什么共同之处？换做一位长年待在佛罗里达州养老院里空度时日的耄耋老人，你又能跟他有什么共同点？再想一想埃塞俄比亚乳汁枯竭的母亲，怀抱嗷嗷待哺的婴儿；想一想南加州某位开着宝马车、穿着时髦的少妇，却因为婚姻破裂而苦恼，咬着刚刚做完美甲的指甲……你跟她们有什么共同点？

其实，能够将整个人类大家庭联系在一起的东西只有一个，就是苦难，还有随之而来的难题。正是苦难促使我在1976年写下处女作《上帝在哪里》。在那本书中，我记录了自己在苦难中的整个心灵轨迹，包括接受瘫痪这个事实的过程，以及接受在轮椅中度过余生这一残酷现实的过程，而这正是上帝对我的计划。

不过，《上帝在哪里》只是一个开始。出版之后，我收到数百封来信，信中提到了数不清的难题，都是由苦难引发的。于是在1978年，我与朋友、属灵导师史蒂夫·埃斯提合作写了这本《风闻有你》，尝试着回答这些问题，后来又成立了"轮椅事工（A Step Further）"组织。当时，我们不知道上帝会怎样使用这个事工，也丝毫没有料到这项事工仅在美国本土就影响了几千人的生活，进入了几百家医院和康复中心，而且还跨出国门，在海外的许多国家开展起来。后来宗德文出版社通知我和史蒂夫，《风闻有你》的发行量已经超过了250万册，并被翻译成将近30种语言。说实话，得知这个消息时，我们两个都为之目瞪口呆。

光是目瞪口呆还不够，我们完全折服，屈膝跪倒。"跪倒"这个词，放在史蒂夫身上，你可以照字面意思来理解，他是真的跪倒在地上了；而用在我身上，则只是个比喻，因为我只能坐在轮椅里。上帝真奇妙，真伟大，他将我和史蒂夫的恩赐有机地结合起来，借着我在轮椅上的经历和他的神学造诣，启发和鼓舞了许许多多遭遇各种苦难的人！

如今，轮椅事工还在继续，而宗德文出版社也把本书当成了"经典"，再版之前，请我们进行修订。我和史蒂夫既惊且喜，又都有些犹豫。一方面，我们迫不及待地想卷起袖子大干一场——从文字到插图、实例，乃至神学观点，该更新的更新，该改换的改换，该引申的引申，总之，要将这本书彻头彻尾地修订一遍。另一方面，我们也看到，这些年中，《风闻有你》虽然一成不变，神却一直在使用这本书祝福别人。所以我们拿不准此次改版是否真的有必要。

纵然时光流逝，世易时移，但在人的苦难之中，上帝的旨意丝毫未曾改变。这是个必须承认的事实。于是，我们决定完全保留《风闻有你》的本来面目。没错，史蒂夫改变了。如今他成了8个孩子的父亲，还是宾夕法尼亚州一家乡村教会的牧师；这些年来，他所牧养的教会一直在不断地成长。我也改变了。我不只嫁给了肯·多田，做起了家庭主妇，还投入到更多的事情中去——画画、写书，并领导一个国际残疾人事工组织。诚然，史蒂夫和我都已经今非昔比，但是，单就这本书来讲，我们一点都没有改变。

还有一些东西也未改变。"天堂"那一章依然是我的最爱，它因洋溢着我对天堂的向往而熠熠生辉。同时，我仍然认为全书最重要的一章是"让上帝做主"，因为只有当我对上帝有了正确的认识之后，才开始奋起对付瘫痪这个难题。

另外，如果人们问我有关神迹医治的问题，我照样会推荐他们阅读本书的第三部分。

最后一件不曾改变的事情是：我和史蒂夫的祷告内容一如既往。我们始终希望你不仅能在本书中找到你那些有关苦难问题的满意答案，更能在这里面寻得上帝的温柔与慈爱。毕竟，上帝对苦难是有所了解的，因为他的独生爱子曾亲身经历过严峻的考验和可怕的苦难……

琼妮·厄尔克森·多田

目 录

引言   1

第一部分
破解苦难拼图

第一章　我们处境相同　　　　　4

第二章　苦难让我们彼此建造　　17

第三章　苦难让我们荣耀上帝　　29

第四章　苦难让软弱者刚强　　　40

第五章　苦难让上帝彰显大能　　49

第六章　孤独的苦难旅程　　　　55

第七章　苦难让我们心意更新　　63

第二部分
苦思冥想拼拼图

第八章　信靠和顺服　　　　　　82

第九章　不要比较，要分享！　　96

第十章　忍耐等候　　　　　　　104

∽ 第三部分 ∽
"医治"难道是拼图中必不可少的一块?

第十一章　我好想得医治　　　　118

第十二章　我为何不得医治?　　　126

第十三章　撒但拆毁，上帝救赎　　141

第十四章　祷告和应许　　　　　156

∽ 第四部分 ∽
难以拼合的拼图

第十五章　让上帝做主　　　　　170

∽ 第五部分 ∽
完美的苦难拼图

第十六章　天堂　　　　　　　　186

结语　　　　　　　　　　　　　198

附录：事工在继续　　　　　　　200

引 言

我又一次陷入绝望，只想自杀，只求速死。我孤独一人，被困在这个帆布做成的茧里面。除了头还能动，我再也掌控不了自己身体的一分一毫。就肉体而言，我不过是行尸走肉——不，我是不能"行"的尸不能"走"的肉。有朝一日再度起身行走的希望已经彻底幻灭；嫁给迪克过正常人生活的指望也成泡影。我敢说，只怕迪克很快就要永远地走出我的生活了。我每一天能做的不过是睁开眼睛，张嘴吃饭，看电视和睡觉，如同机器一般循环往复，周而复始。如此单一的"存在"能有什么价值、什么意义？

为什么一个人活该要过这么单调乏味的生活？这到底是为了什么？我甚至祷告能发生什么意外或奇迹，好让自己就此死掉。身体上的折磨已经令我不堪忍受，再加上精神上和心灵上的极度痛苦，我简直痛不欲生。

无独有偶，我又一次自杀未遂。这种挫折感也令我承受不起。面对自己的无助，我是既泄气，又生气。我多么希望自己的手指能够有力，哪怕一丁点儿的力气也好，只要能做点儿什么，做什么都行，只要能结束我的生命就足够了。

（摘自《上帝在哪里》）

美丽的夏日，我坐在自家的后院里，俯瞰着圣弗南多谷，鼻端嗅进百种芬芳，耳畔尽是天籁之音，生活如此美好，真难相信我竟曾起意自杀。事实上，我现在几乎记不起来那是一种什么样的感觉了。哦，岁月往前大踏了一步，便跨过了35个年头。如今的我还是瘫痪着，还是走不了路，还是得由别人给我洗澡、穿衣服。但是，我不再沮丧，不再想自杀，平心而论，我甚至对于自己的遭遇感到高兴呢。

高兴？我怎么会高兴得起来？是什么造成了我这么大的变化？是我的艺术作品，是支持我的家人和朋友们，帮助我爬出了沮丧的泥潭。当然，这里面也有丈夫肯的功劳，是他陪伴着我度过了近20年的风风雨雨。但是，对于在轮椅中的这一生，我最要由衷感谢的就是上帝和他的话语。他帮助我把苦难拼图中最困扰我的那几块拼在了正确的地方。为此，我着实花了一些功夫来探求和研究。回顾往昔，我可以肯定地说，瘫痪这个苦难会临到我，完全是出于上帝的爱。我不是迷宫里的一只老鼠，也不是上帝开的某个残酷玩笑中首当其冲的受害者。在上帝那里，我的苦难是有原因的，而当我明白了其中的一些原因之后，我的世界就被彻底改变了。我想对你说，在上帝那里，你的苦难也是有原因的。

琼妮·厄尔克森·多田
加利福尼亚州卡拉巴萨斯市
2001年夏

Part 1

第一部分
破解苦难拼图

第一章

我们处境相同

人在瘫痪之后，生活上就会面临许多不得已的改变。当我开始意识到自己得做那么多调适的时候，心中颇为不平：我这辈子过得比谁都要苦。有几个人需要别人替他洗澡？有几个人需要别人替他倒尿袋？有几个女孩不能给自己挠痒痒，没法为自己梳头呢？有多少人经历过我这么多的羞辱？

其实，跟我一样有着诸多难题的人不在少数，甚至有些人的苦难更为深重。我瘫痪还没多久就不得不承认这个事实。在世界各地的医院和疗养院里躺着成千上万的病人，他们每一天都需要别人来给他们洗澡、擦身、倒尿袋。很多瘫痪病人的活动能力还不如我：有人四肢尽失；有人因病而身体畸形，样貌骇人；还有人已病入膏肓，行将就木；更有相

4

当一部分人缺乏亲人的照料，他们的家人要么都已过世，要么就是无力或不愿尽照料之责。

后来，我总结出一个道理：苦难就像一把尺子，上面的刻度代表着痛苦的大小程度。每一个活着的人都能根据自己所受痛苦的大小，在这把苦难之尺上找到对应的刻度。

事情的确如此。不论我们的痛苦恰巧对应在苦难之尺的哪个刻度上，总会有人比我们所处的位置更高，也总会有人比我们所处的位置更低。也就是说，无论我们必须承受多大的痛苦，总有人受的苦比我们更大，也总有人受的苦比我们更小。然而，问题恰恰在于，我们总是习惯于拿自己跟那些痛苦小于我们的人来互相比较，为自己制造出一种假象，仿佛我们受的痛苦最大，位于苦难之尺的顶端，于是也就有了借口来自怨自艾。一旦我们面对现实，看到那些苦难更深重的人，便不再有理由顾影自怜了。

我从小在巴尔的摩市长大。在离我家1.6公里远的地方有一片山丘，上面长满青草和榆树林，放眼望去，郁郁葱葱。青翠掩映之间，坐落着一家儿童医院。医院的环境很美，所以我有时会在放学后骑车去那里玩，或者在秋日午后散步时一直走到那里，沿途一边用脚踢着地上的落叶，一边欣赏野外的美景。那时，我很少会想到在那里住院的孩子们，也从来没有拿自己跟他们做过比较。正值花季的我就读高中二年级，完全沉醉于自己的生活里，成天想着去和学校里比我漂亮的某某女生攀比，而根本没有意识到，我的那点儿青春期的烦恼与那些常年待在儿童医院里的孩子们的难题比起来，简直是九牛一毛。可是，我哪会有闲情逸致去关心那些残疾的孩子，或者为妈妈在饭桌上唠叨的印度饥儿枉自费神？跟男孩子约会，跟朋友逛街，打曲棍球，这些才是我的人生大事呢！

谁能料想，我出了事故之后不久，就是在那家儿童医院里接受的手术和治疗，在那里待了几个星期。上帝把我在苦难之尺上向前挪了那么几个刻度，一切就都变了。我原来在电视剧里看到的那些情景都变成了真的，消毒水的怪味，令人压抑的孤独感，公共医疗机构特有的氛围，都纷纷鲜活起来。从此我进入了一个全新的世界，只是这一次的历险，既不舒服也不好玩。

我终于得出了这样一个结论：上帝增加我们所受试炼的难度并非无故，其目的之一，就是要使我们与那些处境艰难的人感同身受，而若不经试炼，我们根本不了解这些人。

这一点很重要，至于原因，我现在就来告诉你。我注意到一个现象：一些经历过大灾大难的人很讨厌听那些生活一帆风顺的基督徒做见证，不管这些见证多么热情洋溢，也打动不了他们。假如你是一个晚期的绝症病人，躺在医院的病床上看电视节目。电视屏幕上出现一个年轻英俊的基督徒，他看起来才华横溢、万事如意，却在跟人分享耶稣基督怎样使人胜过人生的一切试炼。此时你会作何感想？恐怕你很难不这么想：这个小子懂得什么是生活？竟然摆出高露洁牙膏广告里的那种招牌式笑脸，只怕连一次挫折都没遇到过呢！如果换做他来面对我的这些苦难，恐怕他早就笑不出来了，也不会一直把"耶稣给你喜乐"这种话挂在嘴边了。

如果人们能够客观地看待一些基督徒的说教，或接受或拒绝，那还好。但事实并非如此，我们中很少有人能够把一件东西和卖这东西的人分开来看。

当然，我不是说你必须走到外面把自己脖子弄断，再去买一辆轮椅，这样人们才会听你说教！即使我瘫痪了，我还是会遇到一些人，他们很难把我说的关于苦难的话听进去。

他们唯一关注的就是我和他们之间的不同：我除了瘫痪，身体还很健康，而他们有慢性病；我有旅行的机会，而他们没有；我有家人支持我，而他们的家人都死了。

我要说的是，想接近某个人并有效地安慰他，往往需要一个有过相同问题的人才能做到。人不是万能的，谁都没法接近所有人。我能对四肢瘫痪之人感同身受，你可能不行；但你能够体会我没有经历过的痛苦，例如婚姻中的难题。作为基督徒，我们总是能够比别人更接近那些痛苦小于或等于我们的人，却不能接近那些比我们遭受更大痛苦的人。上帝已经随着自己的意思为我们每个人在苦难之尺上设定好了位置，但他同时保留了随时将我们的位置上移或下移的选择权，以便为我们的新使命开道路。

两年以前，我去宾夕法尼亚州南部的一个乡村教堂，向那里的教友作见证。事后，我坐在那儿和几个教友聊天。我注意到有一个相貌堂堂的高个小伙子和他的家人一直站在我们身后没走。后来，他终于挪到我的椅子旁边，对我说："不好意思，我打扰你们一下。琼妮你好，我叫道格·苏萨诺。我就是想告诉你，我真希望自己能够理解和体会你所经历的这一切。但是，我从来不知道瘫痪或面对真正的外伤事故是怎么回事。我有一个可爱的妻子和几个漂亮的孩子，瞧，他们都在这儿。请允许我把他们介绍给你。"

道格非常兴奋地告诉我，当天晚上我分享的信息和其他的事让他深受感动。不过，他很诚实，没有不懂装懂地说他明白我的经历。因为他的确没有资格说"我确切地知道你的感受"。

在乘车回家的路上,我和旅行伙伴们一起祷告,愿上帝使我在教堂里说的话能够帮助到一些人。

回家以后,我照常画画、读书,偶尔出去演讲,日子过得忙忙碌碌,一晃就是几个星期。

大约一个多月之后,一天下午,我接到了一个电话。对方是苏萨诺家的一位邻居,她也参加了宾夕法尼亚州那天晚上的聚会。她打电话来告诉我,道格出事了。

"琼妮,我跟你说,道格一直是个摩托车迷,总是把业余时间花在玩越野摩托上,他可是个好手。上个星期六,他又和伙伴们出去玩越野摩托,但是这次他们打算到一片没去过的树林里冒险。"

"你接着说。"我有些迟疑。

"嗯,据我们猜测,事情的经过可能是这样:路上有一个急转弯,有一根木头横在那里,很隐蔽,等道格发现时已经晚了。他骑着摩托车离得太近,来不及躲闪,车子的前轮撞在了木头上,他被抛出去了好几米远……"

我专心地听着,但头脑里已经想象到可能发生的情景。虽然害怕问出口,但我又急于知道结果,所以我还是打断了她,直接问道:

"他……他是不是——"

她明白了我的意思,所以没等我把话说完,就接了过去。

"他摔断了脖子。"

接下来是一阵沉默，尴尬的沉默。

我大为震惊，耳朵里嗡嗡作响，眼睛里噙满了泪水，脸也发红发烫起来。幸好电话那边的她没法看到我现在的样子。我努力平复了一下自己的情绪，试图说些什么，却不知道该从何说起。最后我好不容易才告诉她说，我会尽快给苏萨诺家打电话或写信，告诉他们在这样一个巨大的争战期间，我会一直为他们祷告。

挂断了电话，我急忙回忆那次跟道格的简短见面，试图想起他说过的话。"琼妮，我从来没有遇到过一次真正的意外，也没受过外伤……我有一个可爱的妻子和几个漂亮的孩子……我真希望自己能够体会和理解你正在经历的这一切……"

后来我听说，道格自肩膀以下都瘫痪了，他很迷茫，很沮丧。

我的二姐杰伊拿了一支钢笔和其他文具走进我的房间，帮我给道格和他的家人写信。然而，对于一个刚刚摔断了脖子的年轻人，你说什么才好呢？给他一些建议？不行，现在还不是时候。给他分享几段圣经经文？这倒是可以。但是相比起来，显然说些体己话要比引经据典更好一些。一个人在受伤之后真正需要的是什么？我猜，他需要的是爱和理解。没错。他希望有人真正懂得他的经历和感受，而我恰好就是这样的人。

我给道格写信的时候，感到非常开心，因为我能够用真正的同理心来安慰他。我自己就是个瘫痪的人，所以我能设身处地，从他的视角来看待事情。我能够毫不夸张地、诚诚实实地对他说："我确切地知道你的感受。"

这句话的确能安慰人，但是只有我们也经历过相同的苦难时，这句话才具有可信度。其实，人们能够分辨出我们是真的懂得他们还是不懂装懂。他们会观察我们的实际生活，看看我们是否经历过患难困苦。如果我们脱口而出"我明白你的感受"，这只不过是空洞的说辞；但是如果我们是怀着切身体会这么说，就很能安慰人。

有人指责耶稣只是待在"象牙塔般"的天堂里，体会不到人类的种种痛苦。其实耶稣亲自降世为人，就是要回应这种指责。"他自己既然被试探而受苦，就能搭救被试探的人……我们的大祭司并非不能体恤我们的软弱……"（来2:18，4:15）。既然耶稣为了亲近那些受苦的人而自己忍受苦难，我们就不能指望自己比他少受苦。因此，我学会了将我摔断脖子这件事看做是上帝的工作，特为帮助我与有类似处境的人建立关系并且安慰他们。[①]

到目前为止，我一直在说跟那些在苦难之尺上比我们更靠前的人建立关系的事。这些人面对的困难更大，有的是死亡的威胁，有的是瘫痪，有的是破产……但是，这还不是事

---

① 到本书出版之时，道格·苏萨诺已经很好地适应了瘫痪的生活。在电话中，他说目前正在向与他有相同遭遇的人分享他的信仰。苏萨诺一家住在宾夕法尼亚州肯尼特广场市，参加维罗戴尔教堂聚会。

情的全部。

出事故几个月后，我开始注意到，就像瘫痪对我是一个困难一样，亲朋好友们经历过的那些日常生活里所谓的"小"问题，例如弄断了指甲、收到牙科诊疗账单、得了干草热病、汽车保险杠被撞凹，等等，对他们来说都是不折不扣的难题。这一认识触动了我的心，我发现苦难是具有普遍性的。首先，每个人都吃过苦，没有一个人例外。其次，无论这痛苦是大是小，每个人都发觉受苦是令人不快的事。一只苍蝇与打了石膏的断腿给一个人带来的烦恼其实是分毫不差的。

因为每个人都对困难和痛苦有所了解，所以我们可以确信，圣经谈到苦难时，是在对我们所有人说话，无论我们经历过的苦难是大是小。上帝的恩典够一个瘫痪的人用，也同样够一个没能入选棒球队的小男孩用。要想得到幸福，就必须有同样合神心意的回应，这对于摔了蛋糕的家庭主妇和即将死亡的白血病患者是一样的。

所有这一切都告诉我们，要帮助其他遭受苦难之人，重点在于什么。虽然和别人有过同样的问题能够帮助我们真正理解他们的感受，但我们还是能够极大地鼓励到那些比我们遭受更大苦难的人。这是因为我们处理自己这些小问题所需要的恩典，和他们处理更大问题所需要的恩典，是完全一样的。让我来给大家举个例子。

我的家在马里兰州中部，是一座美丽的农庄，周围环绕着绿色的草场，丘峦起伏。那里有不少多年以前建成的谷仓、马棚和冷藏间。

我们农场里的那座谷仓历史可谓悠久，是宾夕法尼亚公爵命人建起来的。那些工匠技艺超群，把这座谷仓盖得非常漂亮。这么多年来，这座谷仓历经了数不尽的风雨，目睹了一代又一代人的兴衰，俨然是一个历史的"见证人"。我父亲很喜欢这座老谷仓，他在里面辟出了一间工作室，用木头、皮革、金属做出了很多东西，都颇有原创性。

哪知5年后发生了一件事，彻底改变了一切。那年夏天，一个星期五的晚上，我和三姐凯西、姐夫巴奇吃过了晚饭，坐在餐厅里聊天打发时间，一聊就是很久。巴奇懒洋洋地拿起自己的吉他弹了起来，我们听着，间或抬起头从敞开的落地窗仰望星空。外面传来蟋蟀的鸣叫和属于乡间夜晚的种种声音，毫无不详的征兆。远处是一条乡村公路，路面不宽，年轻人有时会在那条路上玩赛车，所以那边传来的汽车尖锐的急刹车声并没有引起我们的注意。

我们以为汽车的刺耳声音会像往常那样经过我们家然后消失在远处，但是这一次没有。刺耳的刹车声就在我们谷仓的马厩那里戛然而止。突如其来的安静引得巴奇面露狐疑之色，我们三个略一交换眼神，巴奇就停下来不弹吉他了。凯西则站起来走到窗边，探身出去向马厩那边张望，但在夜色中却没看到什么。一时间屋里很安静，唯有一只飞蛾围着电灯扑扑簌簌地飞着。

过不多时，传来汽车加速离开的轰鸣声。

很快，凯西就发现谷仓那边有一点亮光在闪烁……然后又多了一点。

"琼妮！巴奇！"她突然尖叫起来，"谷仓着火啦！"

巴奇闻言立刻跳起来冲向电话，翻着电话簿要找消防队的电话号码，他显得有点手忙脚乱。我既然一动都不能动，就只能眼睁睁着凯西冲出门，穿过草坪向谷仓跑去。巴奇打完电话也立刻跟了过去。

此时，谷仓那边的火势越烧越旺，把整片地方都照亮了。一股股黑烟从谷仓老旧的屋顶冒了出来，盘旋而上。等消防队赶到的时候，已经来不及救火了。不到一个小时，整个谷仓就被烧成一片焦土，只剩滚滚浓烟。

第二天，我的父亲，72岁的瘦小老人，拖着罹患关节炎的两条老腿在兀自冒烟的灰烬和瓦砾之间蹒跚而行，那景象实在让人伤心。父亲用脚轻轻地踢着那些烧焦的物件，将它们翻转过来，仔细搜索着，看还能抢救出来些什么，那可都是父亲这些年积攒下来的古董和工具。但是，东西都废掉了，只剩下那片有年头的石头地基还能利用，只有它经历住了烈火的残酷考验。

父亲眼睁睁着自己心爱的美丽谷仓被烧毁，却没有说出一句怨言，也没有因此而沮丧，而是立即开始重建谷仓的工作。他既没有跟上帝赌气，也没有在事后猜测上帝让这件事发生有什么目的。两个月内，父亲就在原地建起了一座新的谷仓，这为他不抱怨的精神和坚定的信仰做出了很好的见证。

令人难以置信的是，就在两年之后，我们家又经历了一次同样的灾难。另一个夏天，另一场大火！虽然这一次的起火原因不明，但结果是一模一样的。救火车的警报声再一次刺破夜空，邻居们再一次帮忙稳住马匹，不让它们因惊吓而逃出围栏。火场热浪滚滚，令围观的人群无法近前，而且将附近树上的树叶烧焦打起了卷。父亲再一次收拾废墟残片，从头再来，他始终相信上帝在掌管着一切。

看到父亲如此信服上帝的至高主权，我们姐妹几个都大为惊奇，特别是我。我从父亲如此顽强的精神力量中受益匪浅。

父亲在当时情况下的作为鼓励了我，也教会我们一些东西。那两场大火给他带来的经济上和情感上的双重损失是真切的，但是与我因为摔断脖子所遭受的苦难比起来，那种痛苦要小得多。你们要是有谁质疑这一点，就不妨扪心自问："我是宁愿失去非常值钱、非常珍爱的某样东西，还是宁愿摔断脖子而瘫痪一辈子？"结果不言自明。我父亲既然没有瘫痪过，也就没有资格对我说："孩子，我很清楚你的遭遇，很了解你的感受。"若用苦难之尺来衡量，他的试炼之痛要比我的小。可是他处理这些试炼的方式却能给我很多借鉴。他不抱怨的态度和绝不恼恨上帝的意志使我相信：一个基督徒要想切实地帮到其他基督徒，不必总要与他们经历一模一样的苦难。

我坐着观看父亲再一次在废墟上挑拣可用之物，再一次重建谷仓，不禁再一次想起：我们所有人都会有苦难，或大或小，对应着苦难之尺上的某个刻度，或高或低。上帝的确加给我们当中某些人特别艰难的担子，好使我们能够真心实意地对处于同样境况的人说："我深知你的感受。"但是，另一方面，若能在较小的困扰中表现出对上帝的忠心，我们依然能安慰和触动那些比我们遭受更大苦难的人。

我想，数千年前，使徒保罗说出下面这段精辟言语之时，心里就是这么想的。

> 愿颂赞归与我们的主耶稣基督的父上帝，就是发慈悲的父，赐各样安慰的上帝。我们在一切患难中，他就安慰我们，叫我们能用上帝所赐的安慰去安慰那遭各样患难的人。（林后1:3-4）

第二章

苦难让我们彼此建造

❧

你是否注意到，生活中那些最有益的事，也可能是最有害的事？我们来举火为例。火，是人类最伟大的发现之一。一把火能烹制出美味的牛排，同一把火也能在几分钟之内将几英亩的珍稀树林化为焦炭，或者将一座古老的谷仓化为灰烬。再来说说性吧。性同样既可以很美好又可以很丑恶。上帝的本意是要用性将丈夫和妻子紧密地联结在一起，让他们享受性的愉悦，并生儿育女繁衍后代。然而，滥交则使人产生负罪感，令人心痛流泪。正所谓"福兮祸之所倚，祸兮福之所伏"。

苦难也是如此。一方面，苦难是上帝手中用来锻造我们品格的最佳工具；另一方面，苦难亦有可能使人变得极度自私。我浪费了很多时间自怨自艾，翻来覆去地想：我之所以折断脖子，是不是犯罪的报应？但实际上根本不是这么回事，上帝根本不是在"找我的麻烦"。尽管我一开始并没有想清楚，但我瘫痪这场磨难实际上是出于上帝的爱，而且不只是他对我个人的爱，还有他对我周围那些人的爱，因为，上帝透过我们受的试炼要达到诸多目的，其中之一，就是让我们对他人的苦难感同身受，而且能真实地互相建造。

1975年那个冬天里，这个教训极其真实地临到我身上。堪萨斯州维奇塔一家规模很大的浸信会教会牧师邀请我去他们那里，在他们教会每年一度的布道大会上演讲。我立刻答应下来。一则，我刚刚开始旅行不久，所以，能坐上飞机到处去演讲这个念头让我非常兴奋。再则，这是我第一次参加布道大会，更不用说还要在会上发表演讲了。当时，我对各种主内事工还不甚了解，更不曾坐下来跟哪位传教士详谈过。在我的印象之中，这些传教士大部分时间都是在丛林中跋涉，挥着开山刀斩断不时蹿出的毒蛇。这次与我一同前去的是雪莉和朱莉，她们跟我是半斤八两，也不了解这些事情。所以，当我们三个进入那座拥挤的教堂、坐在最后一排座位上时，我们都认真地听那些传教士在台上演讲，如饥似渴地汲取着一切信息。谁知道呢，说不定他们会讲一些茹毛饮血的故事！

可是你知道我们都学到了什么？他们不过是跟我们一样的人！听着他们讲述在遥远的巴西、日本和菲律宾，他们日常的那些挣扎和得胜，我们明白了我们对他们所负有的责任。虽然相隔千万里之遥，但我们"在基督的身体里"是合一的。当从罗马尼亚逃出来的基督徒说到一些国家的基督徒是多么需要我们的代祷时，更强化了我的想法。我非常感谢这些传教士给我们分享的信息，也更加期待星期天晚上的闭幕式，因为到时候我就有机会跟他们分享我的心得以为回报了。

那一周，我们除了见传教士们，还认识了教会的一群年轻人。我们每天晚上都坐在一起听讲，很快就成了好朋友。星期六晚上聚会结束之后，大家都没有要走的意思，于是我们一起去冰激凌店吃冰激凌。在深夜11点钟，一群人一起吃着冰点，互相开着玩笑，真是太有趣了！

我们吃完奶昔，付了账，雪莉帮我穿上外衣，就推着我和大家一起走出冰激凌店，进入冬日的夜色之中。自从出了意外之后，我的身体调节温度的功能就不大好，没法自如地适应极端的温度。停车场这时几乎是空空如也了，为了少挨冻，我让雪莉翘起轮椅，只用后轮着地，推着我跑到我们的车那里，好快些上车避寒。

两个模糊的人影在暗夜中划过柏油铺就的海面，滑向远处的灯塔（其实是一盏街灯），一路撒下欢笑声。黑暗看起来清白无辜，不露一丝凶兆。刚才的欢笑和冰激凌的可爱画面还在我和雪莉的脑海里翩翩起舞呢，我们怎么可能有谨防乐极生悲的觉悟，想到在我们和车之间的这段距离中会发生什么不好的事情呢？谁会想到黑暗的夜色会包藏了祸端，就在我们前面几米远，平整的路面上竟有一块凸起的冰棱呢？

雪莉突然倒抽了一口气——她的鞋跟踩在冰上，脚下一滑，弄得轮椅失了重心一下子翘了起来，只剩一只轮子着地，而我整个人则借着惯性被抛了起来，接着就向地面砸了过去。眼瞅着地面扑面而来，电光火石之间，瘫痪的我甚至没法用手来缓冲一下坠落之势，只来得及皱了皱眉头然后紧紧地闭上双眼。

我整个人脸朝下，结结实实地砸在柏油路面上，就此明白了"眼冒金星"的说法毫不夸张。剧烈的冲击力令我的身体在地面上弹了几弹，滚到我们的福特卡车的车头处才停了下来。

"哦，不！"雪莉惊声尖叫。

很奇怪，当发生这样的事情时，一切情景似乎都变成了慢镜头。你能听得清每一种声音，记得住每一样东西，一切

都在你的脑海中留下不可磨灭的印象。

　　隐约中有说话的声音。"雪莉，过来。"杂乱的脚步声。有人领着她在人行道上走。钱匣"咔嗒"一响，硬币滚动——是今晚我们卖我做的卡片和画赚来的钱。"哦，她的脸上全是血！"一个女孩叫喊着。

　　那些年轻人围拢过来。我继续紧闭双眼，不让血流进眼睛里，但我没忘了稍微动了动脖子，看看是不是被伤到了，又用舌尖挨个舔着牙齿，看看是不是少了一颗，还动了动下巴，看看有没有错位。嗯，一切还好。

　　很快就有人在我身边跪下来，双手捧起我的头放在自己大腿上——是朱莉。"你怎么样？"她极力控制着自己的语气。我张开眼睛，恰好看到她把我的头发从脸上抚开。她的手上湿湿的，是血。她一叠连声地问我是不是还好，我只能点头示意我还好。她努力不让我看到她哭了，但我还是听出她声音中带着哭腔。她不想流泪，觉得自己有责任保持沉着冷静。

　　发现了这一点，我也开始努力负起自己的责任。这一周的早些时候，几个年轻人问我在轮椅上生活是什么样子，我就努力向他们解释我们是如何不加抱怨地应对所遇到的试炼。我们还一起找出圣经中的一些相关经文，来证明所有的事情甚至苦难都是有益处的。现在，我恰好可以借此机会把我说过的话和圣经真理都证明出来。我要如何回应苦难呢？

　　在这一周的布道会上，传教士们分享说，在基督的身体里我们每个人对其他的肢体都负有责任，我很信服这话。如今我恰好可以将这样的话对这一群年轻人和所有其他人见证出来。我清楚地认识到，正站在我周围的这些人就是基督里的一部分肢体。他们会有什么反应呢？

但是，自私的本性不想让我为"他们"操心。自私的"老我"只关心自己，"我"才最重要。眼下，"我"都要被冻僵了，还受着重伤呢。

我不由得想：为什么倒霉的要是我？和周围这些人比起来，难道我遭的罪还不够多吗？为什么上帝不能使用别的人来做他这节实物教学课的直观教具呢？

我自知这样的想法是不对的。但是，人是很难把上帝和他人放在"自己"之前的，特别是当你在受苦的时候。

大家会对我的反应有什么想法，我才不想管！鼻青脸肿的可是我！为什么我就得伤到脑袋呢？这可是我浑身上下唯一有知觉的地方啊！

然而几乎就在同时，圣灵开始接受我心魔的挑战，要来回答我这一连串的质疑。圣灵让我想起上帝的话语："岂不知你们的身体就是圣灵的殿吗？……并且你们不是自己的人，因为你们是重价买来的，所以要在你们的身子上荣耀神。"（林前6:19-20）

谁在乎我怎么回应这些情况？上帝在乎。我真的有权利抱怨自己的脸受伤了吗？不。我的身体不是我自己的，我的身体是属于上帝的，他可以按自己的喜好任意对待我的身体，因为我的身体是上帝用自己独生子的宝血买赎回来的。

我的第一个责任是，用实际行动向这些围观的朋友解释我之前告诉他们的理论——在基督徒的生命中是没有意外事件的。我推断的结论是：如果上帝允许某件事发生，那么这一定是为了我们终极的益处，同时也是为了我们身边之人的好处。作为基督徒，我们有时面对事情根本没有可以选择的余地，上帝没有让我们做选择。如果我们真的在乎，就必须按照上帝的方式来做事情。

想到这里，躺在地上的我知道自己该做些什么了。于是，我仅仅皱了皱眉，就在心里默默地为发生的事情感谢上帝，我一生中难得有一次心甘情愿地这么做。亲爱的上帝，我为现在发生的事情感谢你……请你让我不要发火。这些孩子们可在看着我呢……请你让他们透过这件事学到功课，让我给他们做个好榜样，让他们学会应对困境。还有，愿你……得到荣耀。

我相信，上帝最后一定会从这次意外中得到荣耀，无论是通过什么样的方式。但是当时我还没有认识到上帝立刻就会开始作工，来得荣耀。显然，上帝关爱当时在场的每一个人。为了让我不至于受冻，每个人都毫无私心地脱下自己的外衣，纷纷罩在我的身上。他们的衣服在我身上简直快要堆成一座小山了。有个男子发现我还是不舒服，就跪下来把我抱在怀中，用自己的体温来温暖我，还柔声对我说："别担心，一切都会好起来的。"其他人则挤到车里为我祷告。同时，一个人打电话叫了救护车，另一个人通知了我们到访的那家教会的牧师。

我被送到医院，拍了X光片，额头被缝了几针。真是一个多事之夜。接下来脑震荡和断鼻梁的疼痛扰得我无法入睡，我只能清醒地躺在病床上，度过那几个疼痛无眠的时辰。但这给了我足够的时间来思考。上帝，感谢你没让我的身体摔散了架。

后来，医生终于允许我出院，朋友们开车送我回到旅店。到了第二天凌晨，我终于打起了瞌睡，勉强睡了一会。但是他们每隔两小时就要叫醒我一次，好看看我脑震荡的情况如何。

上午快11点钟的时候，我被吵醒了。有人在浴室里用吹风机吹头发。浴室门口探出来一个脑袋，是雪莉。她朝我微微一笑，略带迟疑地问我："你……感觉怎么样？"

"嗯，我……哦……"我刚一开口，就感到一阵疼痛。这使我想起了昨夜发生的事故。我的身体可并不好，额头的伤口还在阵阵作痛，头一阵一阵地抽痛，睡得又少，脸上青一块紫一块，还肿着。但是，我的心境还可以。

"我感觉还不错。怎么了？"

"我们觉得应该叫醒你，让你看一会儿就要播出的早间电视节目。"朱莉正在调节电视天线，她接过话头，"牧师告诉我们，教会的礼拜仪式每周都会通过电视做现场直播，所以我们在这里就可以看到。"

　　雪莉和朱莉把几个靠枕垫在我的后背，让我坐了起来，三个人就一起热切地看电视直播。唱诗班献诗过后，牧师发表了一个特别声明。"我们很遗憾地告诉大家，琼妮·厄尔克森小姐昨天晚上摔倒了，鼻骨折断，还缝了几针。昨晚在急诊室我建议她取消今晚的演讲，但她坚持说一定要来。现在我们请大家一起为她祷告。"

　　知道有人在为我祷告，我挺高兴。只是我斜靠在一堆靠枕上，能做的只有微笑。好在真正的危机——我心里的危机，已经过去了。

　　当天晚上，我坐在轮椅中被推进教堂。看到里面黑压压挤满了人，我一时吃惊不小，也很感动。人真是不少，教堂的过道上都摆满了椅子，最后面还站着不少人，连唱诗班的楼座里也挤进去不少人。为了这次演讲，我早在几个星期之前就准备好了演讲纲要，搜集了相应的例证，但是我临时决定弃之不用，而是分享一些与我昨夜的经历相关的圣经经文。

　　"在基督里，我们能为弟兄姊妹做的一件最好的事情，就是在我们自己的试炼中得胜。"别在我衣襟上的小小麦克风将我的声音放大，传遍整个教堂，让每个听众都听得一清二楚。

　　"《以弗所书》清楚地说，我们理当照顾其他基督徒，因为我们就是他们当中的一员。不必劝告信徒们要合一，因为我们已经合一了，并且上帝要求我们把这合一行出来。

"大家知道，《哥林多前书》12章里面说，我们基督徒一起构成了一个身子，基督是这身子的头。要想解释清楚团队合作的含义，全世界所能找到的最恰切最奇妙的例子就是我们人的身体。每一个肢体都需要其他的肢体。当胃饿了的时候，眼睛就会盯着汉堡包看，脚就会跑过去排队，手就会把芥末酱抹在汉堡包上面，再塞进嘴里，汉堡包就顺着食道下到了胃里。这就叫合作！"

观众之中响起了笑声。

"这样我们就能够明白为什么《以弗所书》4章16节会告诉我们，每个基督徒所做的，都会在灵性上影响其他人。人体的任何一个器官都无法自己独立运转却丝毫不影响其他的器官。一个扭伤的踝关节能令整个人都无法行动；而接住橄榄球触地得分的双手给全身都带来荣耀。我们这些信徒之间有着错综复杂的联系，其中大有奥秘。你的失败就是我的失败，你的胜利就是我的胜利。"

没有人动。大家都在聚精会神地听。显然，人们都听进去了。

我继续说道："因此，如果我们在意任何与基督有关的事，也在意其他基督徒，就必须在处理自己问题的同时把他们也考虑进来。昨天晚上，上帝就帮助我和朱莉这样做了。朱莉昨晚做了我的榜样，而我又做了别人的榜样。上帝也想透过你们做同样的事情。"

就这样，上帝将我昨晚受的伤变成一个大平台，用来彰显他完全智慧的计划，允许他的孩子为了自己的益处和上帝的荣耀而忍受痛苦。

大约一年以后，我收到史蒂夫的来信，当时我正在频繁旅行，有些想家呢。在信中，他写了不少鼓励我的话，绝佳地总结了我那天晚上因为在停车场摔断鼻子而学到的东西。他的信再次提醒我：临到我们的苦难远不是为我们的自怨自艾提供理由，而是给我们教导和建立别人创造良机。下面是这封信的一部分内容：

所以，琼妮，当你不得不在一周之内做10次演讲的时候，当你的下巴因为不断地朝祝福你的人微笑而发酸的时候，当你的后背疼痛的时候，当你心里希望能重新站立却因为担心周围人误会你而不敢表达出来的时候，当你想念朋友的时候，当圣经经文显得枯燥无聊的时候，当你感到不安全、没把握的时候，当你发现有罪的念头和态度爬进你的脑子里的时候，当你受到试探在心里面数算你的那些成功和荣耀的时候——一句话，当你一路谨慎却想稍有放纵的时候，即使"就这么一次"，也不要去做。不要泄气，也不要犯罪。不要认为苦难是徒劳的，因为你诚然已经成为我生命里的一个主要支柱，当我想要放弃的时候你为我做了榜样。

我们正站在舞台上表演，其他人都在看着我们。我们能演好自己的角色，建造所有的观众；也能为了表现自己的苦毒情绪而即兴演出，从而羞辱了剧作家。这个选择，在于我们自己。

第三章

苦难让我们荣耀上帝

❧❀❧

我们常常喜欢吹嘘自己有多么伟大和了不起，但是当有人出其不意地要求我们自我证明时，我们又经常陷入无法证明的尴尬。最近上映的一部卡通电影里有一段情节，就是这一现象的生动写照。一场大学橄榄球比赛正在紧张激烈地进行着，露天看台的前排坐着一个中年男性球迷，他嘴里不停地叫骂挖苦输球的教练和球员。他那些俏皮话加风凉话明显是说给周围观众听的，他在向他们炫耀自己多么了解橄榄球，见解多么高超，知识多么渊博。后来，输球的教练忍无可忍，转身面向看台，抬手指着那个球迷，大吼一声："有本事你来替奥布隆斯基打球！"那个球迷立刻像泄了气的皮球一样，闭口不言了。教练的一句话正好击中了那个球迷的要害。

人们在夸夸其谈之后，常常会被别人要求用实际行动来加以证明，只是在挑战面前他们往往就退缩了。但是，上帝可不像我们在橄榄球赛的看台上吹牛的那位朋友，上帝从来不会退缩。因为上帝确实如他自己所说的那样伟大，并且他总是在寻找机会来向人类显明他的伟大。他所使用的最好的表现平台之一，就是人类所受的苦难。

上帝使用苦难来荣耀他自己，其最显著的方法就是奇迹般地挪去那个苦难。耶稣在世之时，周游四方，为减轻人类的痛苦做了各种各样大而可畏的事情，他叫瞎眼的得看见，医治麻风病人，又叫死人复活。果不其然，他这样做的结果是："众人看见都惊奇，就归荣耀与上帝。"（太9:8）

但是今天的情况如何呢？今天，耶稣不再以肉身的形式与我们同在，不再在犹太地翻山越岭，做他曾经做过的那些事。上帝如今仍然有能力介入人类社会来行神迹奇事，而且他有时还在这样做，但是这已经不是他今天常用的工作方式了。今天，上帝换用第二种方式来工作，他使用苦难来荣耀自己。虽然这一方式不似行神迹那般显而易见，但在能力、效果上绝不逊色。

有一件事看起来很奇怪，上帝常常似乎不只允许而且确保他的孩子们会长时间地经历和忍受苦难[1]。不仅如此，由于上帝允许这些事在那些诟病基督教的不信之人的眼皮底下发生，他似乎因此而使自己的事业受损。这些嘲笑者眼睛里

---

① 参见《腓立比书》1章29节。

可不揉沙子，任何一个令人尴尬的细节都逃不过他们的火眼金睛。他们嘲笑说："看看这个所谓的慈爱的上帝是怎么对待那些献身给他的追随者吧！"

但是等一等。随着观察的继续，我们发现一件不寻常的事。虽然上帝加给这些基督徒一个又一个的试炼，但是他们拒绝因此而抱怨上帝。他们非但没有朝天挥舞起叛逆的拳头，咒诅这位允许他们如此受苦的上帝，反而，他们为此颂赞他们的创造主。

一开始，世人嘲弄他们，言之凿凿地说："这只是暂时的，咱们走着瞧吧。"但是，随着这些试炼的继续，基督徒们仍然拒绝"咒诅上帝，然后去死"。于是，围观等着看笑话的世人被迫吞回他们的嘲讽，面对令他们难以置信的结果，惊讶不已。

苦难展现出上帝保守他的子民忠于自己的能力，即使面对大试炼的时候，他们也能忠于上帝。这是上帝使用苦难荣耀自己的一个最有效的方法。如果成为基督徒给我们带来的只有安逸舒适，世人就不会因为我们而对上帝留下什么深刻的印象。人们会说："这算什么？给点甜头，谁都能让人忠心不二地跟随自己。"但是，当一个基督徒似乎被神弃绝，却仍显出对其创造主的爱与忠诚时，确实能鼓舞人心。那些嘲笑者会看到，即使经历艰难，我们的上帝仍然是真正值得侍奉的；这个无神论的世界也会明白，基督徒拥有的是真信仰。

我以前见到过一个女孩，她的例子能够绝好地证明我所说的话。当时的情景我记忆犹新。几年前，我在加利福尼亚州的一家书店里举办签名售书的活动。那家书店位于一个富人区里，签售当天挤满了人，都排着队等着见我，让我给他们在书上和画上签名。这些人大都是家庭主妇，带着孩子。孩子们个个漂漂亮亮，衣着光鲜。这让书店变成一个令人愉快的去处。

我嘴里咬着一只签字笔正在某个人的书上签名，忽然在人们乱哄哄的聊天声中，传来一个刺耳的不和谐的声音。我从举在面前的书本上抬眼瞥了一下，就发现了声音的来源。

就在队伍的最后边，有一架轮椅，上面坐着一个年轻女子。她的嘴里发出很大的声音，如同变了调子的呻吟，那是严重残疾导致声带无法正常发声的结果。我在曾经住过的各种各样的医院里，见过很多像她这样因为脑瘫而影响了发声的人。

等她来到我面前的时候，我立刻看出她的双手都在颤抖，双脚扭曲，嘴角边因为缺乏控制而淌着口水。她的头发暗无光泽，乱蓬蓬地粘在头上，上衣的纽扣都系歪了，看来给她穿衣服是很不容易的。

我想起自己以前接近像她这样的人时都会感到不舒服，不想跟任何这样的残疾人发生关系，因为他们的存在会突出我的境况，提醒我自己就是个残疾人。但是，上帝在很早之前就帮助我克服了那样的感受，而现在我急于跟这个女子见面。

"琼妮，我想让你见见娜婷。"有一个护士推着轮椅，把那个女子推到我的面前，并给我们俩做了互相介绍。在接下来的谈话里，这个护士尽力把娜婷的意思翻译给我。原来娜婷是个基督徒，而且和我同岁。虽然看起来像个弱智，但是她其实很聪明，读过很多书，还爱好写诗。

那天下午，娜婷交给我一封信，信中说她很认同我在书中表达出的一些想法。这封信对我而言很宝贵，但还不是她给我的珍宝。真正的宝贝是她随后送给我的一块小牌匾，上面写着一首诗，周围点缀着几个小天使。这些天使是娜婷自己从圣诞节贺卡上面剪下来的，但她不是用手握剪刀的，而是用她那"灵活的脚"。我见娜婷是好几年前的事了，她送我的这块匾至今还在我家里的墙上挂着呢。

我一边听着娜婷说话，一边迅速地回忆，想着以前住院时读过的那些哲学书和其他书籍，当时我在痛苦中充满怀疑、上下求索。那些书中辩称："要么上帝爱世人，愿意除去世人的痛苦，却无能为力；要么上帝有那个能力却没有那份爱心。或者，他两样都没有。但是，他就是不可能二者兼而有之。"

你可能会认为这样的思辨正适合一个像娜婷这样勤于思考的人。娜婷被收容在一家福利性质的私人疗养院里，她可能永远也无法尝到与亲近的朋友和关爱她的家人同住的那种舒适惬意；她可能永远也结不了婚，做不了世人认为对于幸福至关重要的任何事情。她为什么不咒诅如此待她的那位全能全爱的上帝呢？她应该属于那些全世界最压抑最沮丧的人群，她的内心应该充满了绝望，看不到人生的意义。即使她这样，也没有人会责怪于她。她至多应该是一个逆来顺受的禁欲主义者，决意勇敢地担起生命中的重担，而把所有的情感扼杀掉埋没掉。

　　但是，我跟娜婷交谈了将近一个小时的时间，发现娜婷根本不是那种怨天尤人的人！娜婷明白经历从上帝而来的喜乐是什么意思，明白"上帝所赐出人意外的平安"是什么样的感受。保罗曾说："外体虽然毁坏，内心却一天新似一天。"（林后4:16）对此，娜婷是深为认同的。

还有更有意思的事，娜婷不只是被动地忍受上帝的所作所为，她更是爱上帝。她所认识的这位上帝是如此的真实，真正值得被人所认识，所以只要能取悦于上帝，她便会心甘情愿地、欢欢喜喜地承受自己的苦难。

娜婷的受苦荣耀了上帝吗？当然啦。为什么呢？因为上帝奇迹般地挪去了她的苦楚吗？不是。娜婷的受苦之所以荣耀了上帝，是因为无论是陌生人还是熟人，只要看到她，就不得不考虑一个事实：娜婷的上帝必定是一位很特殊的上帝，唯有如此，他才能让娜婷对他如此的忠诚。我心想，上帝的恩典和权能能够在一个人身上做成大工，谁要不相信，就应该来看看我的这位朋友。

有些时候，怀疑论者看着像娜婷这样的基督徒时，会努力否认上帝是她内心平安的真正源头。对他们来说，所有这些关于天堂、上帝以及喜乐的说辞都不过是逃避现实的自我安慰，是在心理上逃避，拒绝面对现实。有些人也这样论断我，说我是在利用对上帝的信仰作为精神支柱。

每次遇到这种事的时候，我都不屑与之辩驳，只会向那些人指出事实真相：让某个足不出户的书虫来适应轮椅生活，尚且不容易；更不要说让一个像我这样极为活泼好动的人来适应它了，那真是难上加难。大多数人都会同意我这种说法。当年，我是个高中生，一刻也闲不住，骑马，打曲棍球，开着跑车到处逛，做些疯狂的出格之事。我常常告诉人们说："当我能走路那会儿，我连一分钟都安静不了，而现在，我的余生都得安安静静地待在轮椅里了。"

没有什么安慰我的灵丹妙药，要么我一定是疯了，要么就的确有一位上帝，他存在于所有这一切之上，而绝不仅仅是一个神学上的理论。上帝是有位格的，他在我的生命中工作，并证明自己的真实性。很多人已经因此而开始重新思考和看待上帝。

一些基督徒可能在想："哎呀，上帝使用像琼妮和娜婷这样的人来荣耀自己，他的工作真是激动人心啊！但是我的身体没有她们那样严重的残疾，我的生活也挺正常普通的。上帝会怎么使用我来荣耀他自己呢？"如果你就是这样想的，请你不要再顺着这个思路想下去，不要以为你只有遭受像我或者娜婷那样的试炼，经历极其严重的残疾和痛苦才能对上帝有真正的价值。你只要存着一颗欢喜快乐的心，接受每天生活中的各种紧张和压力，就能起到同样的作用。

我想起经常陪伴我出行的人，她们是我的二姐杰伊还有我的朋友贝琪和谢乐尔。让我来告诉你，这三个女人可是切身体会到每日生活的压力的！首先，她们要照料我所有身体上的需要，如果你从来没有在旅行时照顾过一个瘫痪之人，那么你根本不知道那是多么大的工作量。为了把我打扮好去参加上午的会议，她们必须早晨5点钟就从旅馆的床上爬起来，先给自己洗漱打扮，然后再来打理我，包括把我从床上扶起来，给我做肢体锻炼，给我洗澡、穿衣服，为我刷牙、洗头，等等，做好这些事情要足足花上一个半小时。

这还不算完。每次我们坐车的时候，如果找不到合适的车辆能直接把轮椅推到车上，她们还要把我从轮椅里抬起来放到汽车后座上。这就需要两个人一起来做。一个人从我身后抱住我的腰把我托起来，另一个人抱着我的双腿，把我从轮椅里抬起来，放到汽车后座上。之后，她们还要帮我调整坐姿，摆好我的手和脚，再给我扣上安全带。与此同时，第三个人要把我的轮椅折叠起来放到汽车的后备箱里面。我就不告诉你我的体重具体是多少斤了。虽然我不是很重，但是由于我没有办法挪动自己，一点力气都使不上，所以肯定像个死人那样沉！等我们到达目的地，刚才的整个过程还要再做一遍，我才能从汽车里出来，重新坐到轮椅里面。我们最近去了一次明尼阿波利斯，在那次旅行中，贝琪、谢乐尔和杰伊仅在一天当中就这样帮我进出汽车达15次之多！

和我一起旅行时，她们三个还经常得承受情感上的压力。我这么说的意思是：人们常常注意不到她们，他们把我当做女王一样来款待，同时几乎完全忽视了她们三个人的存在。

为了帮我准备好而早起，把我抱上车再抱下来，被别人当作空气一样忽视……你可能根本不把这些事算作"试炼"，你可能认为这些事没法跟我和娜婷的残疾相提并论。但是，她们三个人出于爱心而忍耐这些虽然小却真实的难处，并且毫无怨言，当人们看到她们这样做的时候，他们的注意力就被引向上帝，于是，上帝就得到了荣耀。

在某种程度上，像娜婷、我姐姐和好友这样的人就是现代的约伯。你该记得吧，约伯是个义人，他被上帝大大地祝福，财产众多，生活安逸。撒但却嫌恶约伯回报给上帝的颂赞，他嘲笑上帝说："约伯侍奉你还不是因为你祝福了他。你且伸手毁掉他一切所有的，夺他的产业杀他的家人，他必当面弃掉你。"这话的意思是说："约伯爱的是你的祝福而不是你，上帝。要想让人单单为了你的缘故来跟随你，你还没有那么伟大呢。"

上帝就允许撒但去试探约伯。于是约伯失去了一切，包括金钱、健康、还有很多家人。他的妻子怂恿他说："你咒诅上帝然后去死吧。"但是约伯拒绝这么做。他怀着令人难以置信的忠诚，大声疾呼："他必杀我；我虽无指望，然而我在他面前还要辩明我所行的。"（伯13:15）

这是一个多么伟大的见证啊！约伯的这句话不只表明他自己的信心，更加推崇了上帝，证明上帝有能力激发出他仆人的忠诚，使他们不管受到多么严峻的考验都能忠于他。旧约中间能够与新约中保罗的宣言相媲美的，正是约伯的这句话。保罗在《腓立比书》中说："不但如此，我也将万事当作有损的，因我以认识我主基督耶稣为至宝。我为他已经丢弃万事，看作粪土，为要得着基督。"（腓3:8）

如果我在轮椅之中对上帝的忠心能够荣耀上帝，那么瘫瘫给我带来的不便就根本算不得什么。你可曾想到，在属于你自己的"轮椅"里依然忠心于上帝，你这样的生活也能给上帝带来荣耀！

第四章

苦难让软弱者刚强

＊

著名的费尔班城堡的大宴会厅顿时陷入一片死寂。空气中没有一丝风，沿着厚重的灰色石墙排列的彩旗无精打采地垂着。巨大的中世纪壁炉上方挂着皇家盾徽；仿佛挑衅似的，对面的墙上镶着毗邻的艾纳公爵的旗帜。两大势力之间的矛盾已积聚了数月，在这场为全国的王公贵族举办的年度宴会上，公爵阴谋推翻王子的险恶用心遭到抨击。

埃里克王子身材健硕，蹲伏在木头宴会桌上蓄势待发。他紧握着镶嵌珍珠的剑柄，这把剑是他的父王在弥留之际传给他的。光滑的剑身反射着透过城堡厚壁上的窗洞射进来的一束阳光。此剑乃国中第一剑。

地面上，公爵的三个狗腿子像鲨鱼围捕猎物般地包围王子，他们步步紧逼，剑拔出鞘，正伺机攻其不备。王子的目光逐一掠过这三个人，观察谁会率先出击。

突然，刀剑相碰，铿然有声！其中两个卫兵冲向王子，王子举剑挡开来袭，敏捷地躲开每一击，同时挥剑猛刺。

出击！中剑！流血！公爵的一个卫兵倒地，剑从他手中掉落。可是王子顾不得为开局的胜利欣喜，转身继续迎战另外两人。

此时他受到两侧夹击。在对付右侧敌人的袭击时，他偷眼瞥过左肩，查看形势。可就在旁顾的一瞬间，他握剑的手略微松劲，宝剑在击打之下脱手。

众人大惊，倒抽凉气。紧贴墙壁的女士纷纷掏出手绢掩住张开的嘴巴，每个旁观者都在惊恐中屏住呼吸。

且慢！只见王子像鹿一般敏捷地跃出敌人的攻击范围，从腰间拔出匕首，又一把抓过装饰餐桌的铜质烛台。

处在二对一的劣势中，手持令人揪心的次

等武器，他再次投入战斗，凭烛台防卫，用匕首出击。他一低头，勉强躲过斜刺里扎来的一剑，重新上前迎敌，躲开对手挥舞的剑锋，给第二个卫兵的心脏以致命一击。

唯一幸存的公爵侍卫惊恐得目瞪口呆。他和埃里克在寂静中相互绕转，兜着圈子。千钧一发之际，卫兵抢先出手。

细如发丝的一道线划上埃里克的袖子，伤口顿时渗出血来。王子一步一步后退，直到最后被迫顶在墙上。他拼凑的武器无法与对手的精良利剑匹敌。打击来得更快更猛。不久他必倒地。

突然，他的对手奋力一刺。埃里克闪到左边，直指心脏的这一刺从他体侧一擦而过，扎进墙里。公爵的卫兵还没来得及拔出剑，稳住脚跟，埃里克就用烛台"啪"地挡掉剑刃，举起匕首向前扎去。

卫兵一只手抓住扎进肩膀的匕首，另一只手示意"手下留情"并向埃里克认输。众人欣喜万分，簇拥在王子身边，大声欢呼，衷心祝贺。他们唱起一首歌，后来成为代代传唱的经典——

"国王的宝剑握在手，埃里克王子无敌手，

匕首和烛台却证明，王子的实力胜一筹！"

我爱读埃里克王子的传奇故事，就像这篇。你有没有发觉圣经也有类似的传奇故事？它精彩地讲述了撒但怎样借着诡诈和欺骗奴役世上王国的国民——怎样篡夺了合法统治者（良善且公义的）的王权又私自建立起对抗政权。它更进一步讲述了良善的统治者怎样派他的独生子进攻撒但的领地，解放被俘的民众，夺回王国，复归正统。

假如我是上帝，我会怎样成此大业呢？首先，我会挑选最智慧的男女组成我的战略团队——清一色的博士、教授；然后我会招募最精明的商人和富翁来资助战事；我的公关人员会由遍寻各地找到的最高效的联络员担任，都是各个领域里的尖子。即使在我的组织里只当一名基层员工，这个人也必须是年轻、活跃、魅力四射的。

软弱的人别来申请。身体有残疾的？算了吧。有可能拖我后腿的？不要。相貌平平、缺乏吸引力的，有可能危害我的名誉的？门儿都没有。生活问题多多的男女？这辈子甭想。我只会接受精英。

感谢上帝，掌管世界的不是我，而是他！他张开双臂热烈欢迎贫穷的、患病的、丑陋的、孤独的、软弱的、无才的、令人讨厌的、毫无指望的人。因为他有大爱，也因为他看重人的内心胜过外在的状况。

不过还有一个原因，一个很特殊的原因，可以解释上帝为何接受并使用那样的一些人。答案可以在埃里克王子的故事里找到。你还记得人们歌颂他的话吗？

"国王的宝剑握在手，埃里克王子无敌手，

匕首和烛台却证明，王子的实力胜一筹！"

任何在英雄与"恶棍"之间展开的搏斗本身就足够精彩。然而当英雄突然处于劣势，正如埃里克失掉了他的剑时，新的情况出现了。现在，英雄的处境远比之前危险，获胜的机会减小了。但是，如果他不顾劣势，全凭本领取胜，他终将得到加倍的荣耀，因为他用劣等武器打了胜仗。

贯穿圣经，上帝向我们显明这正是他的行事方法，为的是给他自己带来最大的荣耀。使徒保罗教导哥林多的基督徒要审视自己，并懂得这个道理：按照凡人的标准来看，上帝呼召作门徒的那些人既少智慧，也无权势，更不尊贵。保罗的意思是，上帝有意拣选软弱的、受苦的、没有太大指望的候选人去做他的工，这样在大业完成之际，荣耀就归于上帝，而不归我们。想想吧！令我们痛苦不堪的弱点和难题正是他用来荣耀自己的工具。我们不是他手中的嵌珠宝剑，而是在发挥宝剑作用的匕首和烛台！

1969年，我摔断脖子两年后第一次出院，整个人陷在重度抑郁之中。我好惨，年仅19就没了任何盼头，只能终身坐在轮椅里。我隐约知道圣经的书页里可能包含对我的状况的解答，而我迫切需要有人给我指出那些答案到底在哪儿，是什么。

即便如此，我并非对所有关于信仰方面的建议都照单全收，也并不是所有前来给我支招的人都有望赢得我的兴趣和尊重。要知道，我上高中时可是活跃分子——在伍德朗曲棍球队打球，是全国优秀生学会成员，跟附近高中的橄榄球队队长约会。那时候，想引起我注意的男生，可得是智商高、身体棒、万人迷类型的。

至此你会以为，上帝本该把对于我的解答托付给某位在南边的大洋城负责"冲浪板事工"的高大健美的青年辅导员，这样的人倒是会引起我的注意。又或许，我本该中意于某个穿常春藤盟校①校服的头脑灵光的神学院学生。假如葛培理主领一场"伍德朗布道大会"，或许也能激励我。

然而，非也。你可知上帝派谁来了？一个瘦高的16岁送报男孩。这怎么可能？以我的标准，这个家伙实在不够格。我是指，他既不是优秀的青年辅导员，也不是聪明的神学院学生。他无非是个青春期少年，只不过带着一本黑皮大圣经。但他讲的时候，我真的在听！上帝使用我与史蒂夫·埃斯提这位高二学生共度的漫长时光振奋我的精神，帮助我理解上帝的话语。似乎上帝更乐于通过另一个孩子而不是某个在开导残疾人方面受过培训的圣经学者彰显他的大能。

如今，史蒂夫和我在回顾我俩初结友谊的那些日子时，不禁发笑，奇怪上帝居然用这样一种看似不可能的关系去扭转我的人生。但是细想之下，我们不应该惊讶。他将基甸32000人的大军削减到300人后，才差遣他们去攻打米甸的军队；他派牧羊少年大卫去迎战久经沙场的非利士巨人歌利亚；他向亚伯拉罕应许，要使他的后裔像天上的星星一样

---

① 指美国东部8所学术和社会地位高的大学——译者注

多，却赐给他一个不生育的妻子撒拉。为什么？因为如此一来，当米甸人被铲除，歌利亚被击倒，撒拉生下一子的时候，世人就会知道是上帝，而不是人，成就了这事。

苦难的作用即在于此。苦难迫使我们在软弱中降服于他。难道我们看不出这正是上帝希望我们所处的境地吗？因为此时他的能力最为显著。

要问谁最了解软弱的价值，非使徒保罗莫属。实际上，他在写给哥林多教会的第二封信里花费大量笔墨论证了上帝使用软弱之人的事实。

当时似乎有各色各样的假使徒在四处奔忙，企图驳倒保罗的说教，树立自己的威信。他们不停地鼓噪，吹嘘自己卓越的成就、辉煌的异象和成功的服侍。

"你怎么样，保罗？"他们讥笑，"你能超越我们的作为吗？"①

于是保罗回答："你们叫我自夸？那好，我就像愚妄人那样放胆自夸。"在读保罗的书信时，你几乎能想象这些嫉妒的竞争对手掏出成绩表检查他是否够格的情景。然而出乎他们的意料，保罗所夸的全是他的苦难和软弱。

"你们想知道我取得了多大的成就吗？好吧，我来列举几项突出事迹。听好了：我遭人唾弃，我受过鞭打，我多次

① 下面这部分内容以使徒保罗在《哥林多后书》10-13章中的论述为依据。很多观点来自：Frederick D.Bruner《圣灵神学》(*A Theology of the Holy Spirit*) 303-315页；Walter J.Chantry《使徒的标志》(*Signs of the Apostles*)修订本71-81页。

下监牢……噢，对了，我还遇着过海难，外邦人恨我，至于犹太人——他们容不下我。"

他继续列举更多的奖赏和荣誉："你们想知道我以什么做出入口吗？哈，有一天夜里，我从窗户中，在筐子里，从城墙上被人缒下去。我本应从门出去，可是有警卫守在门口要捉拿我。"

保罗谈起他的异象时更是高潮迭起。

"我知道你们隔三差五就看见异象。我给你们讲讲我的一个异象。不过不是昨天的——实际上，那应当是14年前的事了。我被提到第三层天，那个经历真是无与伦比。但我绝对不会像你们那样，翻来覆去地向听众们夸耀这事的细节。"

他继续道："不过，我倒要告诉你们一件事。上帝很欣赏我处理这一切的能力，所以在我的异象之外，他还赐给我一样东西——加了一根刺在我肉体上，免得我过于自高！"

说到这儿，讽刺停止了。保罗似乎在直视对手的眼睛，告诉他们，对于上帝赐给他的这种新式苦难，他的第一反应是什么。

"为这事，"他强调，"我三次求过主，叫这刺离开我。他对我说：'我的恩典够你用的，因为我的能力是在人的软弱上显得完全。'（林后12:8-9）"

你听清了吗？上帝对保罗的回答，按照《活泼真道》①

① 英文圣经意译本（New Living Translation）。

上的表述就是："我与你同在；你别无所需。我的能力充分显现在软弱的人身上。"

如果上帝的能力充分显现在软弱的人身上，那么我们何必在苦难伤痛时抱怨呢？不如以保罗的话自勉：

"所以，我更喜欢夸自己的软弱，好叫基督的能力覆庇我。我为基督的缘故，就以软弱、凌辱、急难、逼迫、困苦为可喜乐的，因我什么时候软弱，什么时候就刚强了。"（林后12:9-10）

第五章

苦难让上帝彰显大能

上帝是神奇的。只须一睹分娩之奇、自然之美、星系之繁，我们便可领略他的神奇。这些令人敬畏的奇迹使我们感受到他的强大，他的创造力和智慧。然而，上帝还有其他品质，若不是因为苦难和罪恶给它们展示的机会，人们永远看不到这些美德。

以上帝的仁慈为例。假如谁都不曾生病，我们还会由衷感激他赐予的健康吗？假如他从未让我们体会过罪恶感的刺痛，他的宽恕还会吸引我们吗？假如我们无所祈求，又怎么领会他在回应我们祷告时显出的怜悯呢？你瞧，我们面临的困境凸显了上帝的仁慈。

不仅如此，我们的困境还提供了展示人类具有的美好品质的机会。我给你举个例子。

想象一个小伙子暗恋某个姑娘，一直在寻找机会表达好感，又不能太露骨。一天晚上他下了班，在开车回家的路上遇见这位姑娘，她因汽车爆胎正在路边发愁。天赐良机！他把汽车开到路边，停在她的车后面，打亮紧急信号灯，主动要求帮忙。

"你真热心。"她应道，"不过不必麻烦。你穿着这么好的衣服。我叫修车的来就行了。"

"用不着。"他一面反对，一面在她的后备箱里找千斤顶，"一会儿就给你修好。"

几分钟后下起雨来。他坚持让她在他的车里等，以免淋湿。拧紧最后一根螺栓并扣上轮轴盖之后，他也钻进车里——浑身湿透，裤子上还粘了一大块油泥。她很不好意思给他添这么大麻烦，可他大度地叫她不必客气。

"行啦。"他说着发动汽车，"咱们把这只轮胎送到维修站补一补。我可不愿见你再爆胎的时候没有备胎可换。你的车在这里停一会儿没关系的。"

停顿片刻，他尽量显得漫不经心地添上一句："要不，等他们补胎的时候，咱俩去喝杯咖啡什么的？"

她笑了："乐意奉陪。"

看出来了吧？还有什么能比事事不顺更顺心的！换做别的时候，晚回家、爆车胎、淋雨换备胎又弄脏好衣服肯定是令人气恼的麻烦事，此时此刻却给了小伙子向姑娘献殷勤、表爱心的机会——是他求之不得的。姑娘也觉得自己备受关爱。

这就是苦难在我们生命中的作用。苦难本身纵然不好，却让人们得以向他人表示关怀和善意。还记得我跟你讲过那次我在结冰的停车场上摔破鼻子的事吗？我流着血躺在柏油路上，冻得瑟瑟发抖，与我同行的人见了纷纷脱下外衣给我盖上保暖。这种行为叫做无私，是人人都赞赏的。可是如果我没有需要，如果我没在那一刻"受苦"，周围的人也就没有机会表现那种无私。

为在那一刻表现无私，每一个献出外衣的人都得挨一会儿冻。他们必须"受苦"以便向我献爱心。假如每个人都另带有5件外衣，借给我其中一件来保暖，那就什么都证明不了。他们如若自己也能保暖，就没有做出真正的牺牲。然而我的苦难给了他们一个分担的机会，而他们的分担致使他们以一种轻微却真实的方式"受苦"。在那一晚，无私借着受苦展现出来。

同样的道理几乎适用于人能想出或做出的任何一种善行。苦难搭建展台，美善得以展现。假如我们不曾面对恐惧，就不会知道什么是勇气；假如我们不曾哭泣，就体会不到朋友为我们擦去眼泪是什么感觉。

可这一切跟上帝有什么关系？当我说苦难能够显露我们的优秀品质时，我是在歌颂人类的美善吗？根本不是！与其说歌颂人类的美善，不如说我在歌颂上帝的美善。你看，各样美善的恩赐和各样全备的赏赐都是从上帝来的（雅1:17）。一个人给予另一个人的一切爱心、仁慈、分担和宽

恕归根结蒂都是从上帝来的。我们是按他的形象造的，那些
不承认他的人也是。当然，那形象被罪损坏玷污了。可它仍
在那里，每当我们行善的时候，就是对它的证明！

在我们可能经受的所有苦难中，有一种似乎最有利于引导
人们朝向上帝。这就是迫害。你大概注意到了，珠宝店陈列钻
石的方式通常是以一块黑丝绒为底来衬托。那是因为绒布柔和
的黑色反衬且强化了钻石的棱角和光芒。同理，当有人因为信
仰凌辱一位基督徒时，那凌辱便起到绒布的作用，反使那位基
督徒表现出的惊人之爱放射出更璀璨的光芒。

新约圣经教导基督徒要爱那些逼迫他们的人。因为我们
的世界急需尝到真爱的滋味。我说的不是肥皂剧里的爱，在
那里"我爱你"的意思通常是"我爱你并希望你能回报"。
我说的也不是"友爱"，因为"你们若单爱那爱你们的人，
有什么可酬谢的呢？就是罪人也爱那爱他们的人"（路
6:32-33）。我说的那种爱意味着付出，意味着奉献乃至受
伤——即使明白不会得到任何回报。为使这个世界见识那种
爱，基督徒就必须让世人见到他们敢于效法基督的榜样。基
督树立了什么榜样呢？他甚至爱那些鞭打他的人。

> 你们若因犯罪受责打，能忍耐，有什么可夸的
> 呢？但你们若因行善受苦，能忍耐，这在神看是可
> 喜爱的。你们蒙召原是为此，因基督也为你们受过
> 苦，给你们留下榜样，叫你们跟随他的脚踪行。他

并没有犯罪，口里也没有诡诈。他被骂不还口，受害不说威吓的话，只将自己交托那按公义审判人的主。他被挂在木头上，亲身担当了我们的罪……因他受的鞭伤，你们便得了医治。（彼前2:20-24）

假如基督不曾有过切肤之痛，谁会见识他的宽仁之心呢？假如他受惩罚是罪有应得，他甘心顺服不反抗的事实又有什么奇特之处呢？事实上，他对待苦难的态度，让世人深切地认识到上帝是什么样的。结果呢？就像彼得说的，"因他受的鞭伤，你们便得了医治！"

也许你也面临同样的处境，你的家人、朋友、邻居和同事并不尊重你的信仰，他们甚至还张口闭口诋毁你的信仰！我来问你：你是否已学会将这些压力视为上帝对你的祷告的回应？某些人的心只能被真爱的温暖所融化，而他们体会那种爱的唯一方式就是有人以德报怨！如果他们待你很好，你爱他们作为回报又算得了什么？圣经上说"就是罪人也爱那爱他们的人"，可是如果他们待你恶劣，机会就来了！你就能在苦难背景的衬托下展示出基督般的仁爱之光。上帝的伟大就会以你的困境为展台而显示出来。

几年前，我的朋友戴安娜带着圣经走进我的病房，试图给我讲解我在本章跟你分享的内容。但那个时候，我根本不相信上帝屈尊弄断我的脖子，只是为了显示他的美善。那种理论听起来就像他在进行某种自我表现。

　　但请思考一下那种自我表现的理论。假如你像上帝一样，是最正确、最公义、最纯洁、最可爱、最值得赞颂的存在体；假如宇宙中的万事万物但凡拥有某种品质都是从你来的，因为都在某种程度上反映了你的品质。也就是说，假如没有你，这些品质就都不存在。

　　假如情况是这样，那么你周围的任何人要在任何方面有所提高，就必须变得更像你。人们只要一想到这些好品质就首先要想到你。他们表现自我是错的，因为他们只会围绕罪恶和缺陷来思考，而你的自我表现却满有荣耀。实际上，那才是人类唯一的希望，因为你的自我是完全美善的。

　　所以上帝在要求我们想到他的时候，是要我们思想他的真理、公义、纯洁、可爱和值得赞颂的一切。因为这一切与我们的罪性是背道而驰的，所以我们需要受苦。我们可能会觉得这一切太可怕了。实际上，他的苦难与怜悯同行，他不是让我们为了受苦而受苦，而是为了让我们通过受苦生发出他的品格来。假如上帝真的"不管我们了"，假如他不再通过试炼引导世人朝向他，苦难就会全然终止吗？绝对不会！那只会使我们陷入更大的苦难。由着我们自己，任凭罪恶本性的驱使，我们会在贪婪和仇恨之中自相残杀。

　　事实则是，他筛选了苦难，用爱的手指进行过滤，留给我们的只有带来益处的和他知道会引我们朝向他的那些苦难。他还知道一件事：如果我们认他做救主，我们最终会回到永恒的家园，在那里，我们将永不再受苦。

第六章

孤独的苦难旅程

你可能已经发觉，到目前为止，我讲到试炼时，几乎都谈及我们对试炼的反应，以及我们的反应如何影响他人。了解到我们处理自身问题的方式能够鼓励别人并归荣耀给上帝，岂不是很令人兴奋吗？

但这并不适用于本书的某些读者，如果你很少接触其他人，也许你就是其中之一。也许你是一位独居的老人，很少外出，也鲜有访客上门。近年来，你原本积极的社交生活被一种更安静的生活方式所取代——也许是读书、养宠物或料理小花园。"我承受的苦难怎么能建造我身边的人呢？"你也许会问，"我身边根本没人！"既然无人在你身边见证和关注，你对试炼的反应怎么能有助于实现上帝的旨意呢？

或许你属于另外一种人：整天和很多人打交道，却缺乏真正亲密的交流。你每天和别人谈论天气、体育、时尚之类的话题，而人生的真正难题，那种使你夜不成寐、苦苦思索的难题却深藏在你心里。你在走廊里笑着跟同事打招呼的时候，你面对的重重困难并不为他们所知，因为有些难题你就是无法跟任何人诉说。可话说回来，如果别人不知道你的难题，他们怎能从观察你的处理方式中受益呢？

更令人沮丧的也许是，亲眼见到你以敬虔态度对待苦难的那少数几个人似乎无动于衷。你做的榜样并没有鼓励他们，上帝对你持久的恩典并没有触动他们。这时候，你觉得自己就像一个辞了工作、花了好些钱参加竞选却最终落选的政客，所有的苦都白受了！

白白受苦……想想多么可怕。为信仰受苦，行！为家人受苦，甘心！为欲望受苦，也许会。可是什么都不为的话，多么可悲！其实，不论你属于上述哪一种情况——孤身一人或孤独寂寞，当你觉得自己的痛苦和悲伤都是无意义、无价值时，会很容易陷入一种绝望的境地。

要说我认识的人里有谁算是典型的白受苦，则非丹妮丝·沃尔特莫属。读过我的第一本书的人大概还记得，她和贝蒂·格洛夫、B. J. 还有安，是我在格林奥克斯康复医院里的四位病友。在我入住格林奥克斯的一年半前，丹妮丝正在巴尔的摩西城高中上高三，是一位人见人爱的美女拉拉队长。一天上午课间时分，她在和几个同学跑上楼梯时，不慎跌了一跤。谁都没当回事，朋友们帮她掸了掸衣服，捡回散落的课本。

"岁数大了，腿脚不灵便了吧？"有人开玩笑。

"不知怎么回事，"丹妮丝带着困惑的神情，歪着头说，"我觉得腿有点软。"

"大概是你总吃瘦身餐的缘故。"她最好的朋友提醒，"你真没必要减肥的，你的身材已经够棒了。你完全可以多吃些午餐，只吃一根胡萝卜和一个苹果哪够？"

"我想你是对的。"丹妮丝表示同意，然后大家就去上课了。

可到放学的时候，她几乎无法走路。回到家，她直接上床睡觉，醒来吃晚饭时，她的下肢竟然瘫痪了，很快，上肢也瘫痪了，不久她就双目失明——医生一直无法确诊她到底患上了什么病。

丹妮丝·沃尔特一动不动地躺在格林奥克斯的病床上，知道受苦是什么滋味。她不能看电视，也不能凝望窗外。她无法阅读，只能等着别人念给她听。至于交谈，她连说几句话都着实费劲。最痛苦的是，她知道自己快要死了。的确有朋友偶尔来看她，可她住院的时间太长，后来除了最上心的几个人，大家都不来探视了。到最后，只剩她妈妈——一位了不起的基督徒，始终如一地每天晚上过来给她读圣经，跟垂死的女儿一同祈祷。

　　丹妮丝的惊人之处在于，她从不抱怨。你也许以为这就是上帝让她受苦的原因：别人就能见识她的忍耐，从而转向上帝。可根本没这回事。首先，难得有人见到她。她的妈妈和病友是她接触到的仅有的非医护人员。即使是我们这些病友，谈论的话题也都十分肤浅，从未给过丹妮丝一个表露心迹的机会。在她看来，没人看见或关注她对上帝的爱和对上帝的信心。也许最可悲的就是，即使难得有一天，那爱和信心的一线光亮勉强穿透笼罩在我们这几个蒙昧灵魂上的浓雾照射进来，也丝毫不起作用。我们从没告诉过她："我想要你过的那种生活。我怎样才能拥有？"她的苦难似乎是白受了，就像宝贵的雨水噼里啪啦地落在不领情的海面上，而仅仅几公里外的沙漠居民却焦渴难耐。

我离开格林奥克斯5年后，丹妮丝去世了。这个消息使我的心情亦喜亦忧。喜的是她的痛苦结束了，她现在去了主的身边。可是她去世之前那些漫长而艰难的、看似白费的岁月困扰着我。一天晚上，我跟戴安娜和史蒂夫围坐在我家壁炉边聊天时，道出了我的忧虑。沉思片刻，戴安娜率先开口。

"从丹妮丝的只言片语来判断，我不认为她把她的情况看成是一种浪费。"戴安娜说。

我同意，但不明白为什么。"那间病房里的女孩你都认识，戴安娜。你经常来看我。我们从来没有了解过丹妮丝。"

"也许是吧，"戴安娜回答，"可她知道她身边并非只有你们几个女孩。"

"你知道我的意思，戴安娜。虽然时不时地会来一位护士，可她们总是忙得团团转，没工夫留意丹妮丝说什么、做什么。"

"我说的不是护士。"戴安娜直盯着我的眼睛说，"我说的是上帝和整个属灵世界——你知道，天使和魔鬼。人也许察觉不到，可他们确实存在。"

嗯，我当然知道上帝无时无刻不在注视着我们，不过我得承认，有时感觉并非如此。可是天使和魔鬼？我从未意识到他们也在看。

戴安娜继续说道："琼妮，圣经说得明白，属灵世界是极其关注每一个人的思想感情的。哪怕最低贱最卑微的人，他的心都是宇宙中最强大的军团相互交战的战场。"

预感戴安娜又要习惯性地展开"长篇大论"，我趁她还没扯远，赶紧打断她。"戴安娜，你说的就像直接从科幻小说里搬出来的话。能不能说说你是从圣经哪个地方得知这一切的？"

这点鼓励足以使她打开话匣子。于是，借着炉火和一盏油灯的微光，戴安娜和史蒂夫带领我查经。

"天使当然对人的作为感兴趣。"她兴奋地讲，然后迅速翻阅圣经，就像一位轻车熟路的导游，最后指着一句经文给我看。"看看这句。"她指着《路加福音》15章10节说道。

"一个罪人悔改，在神的使者面前也是这样为他欢喜。"我喃喃自语。

"你能想象吗？"她大声说，"上面说当人决意做正确的事时，上帝的天使真的会'欢喜'！"

"你认为他们此时此刻就在看着我们？"我问道，一面偷偷扫视屋里，多少期待听见窗帘后面传来天使翅膀的沙沙声。

"当然。"史蒂夫开口了。他拿过戴安娜的圣经，翻到《以弗所书》3章10节。"还有一句经文能证明属灵世界在注视着我们。你听这句——'为要借着教会使天上执政的、掌权的，现在得知神百般的智慧'。"

"我明白了！"我振奋起来，"我们就像一块黑板，上帝用来在上面书写关于他的课程。"

我思索：原来丹妮丝的人生不是一种浪费，虽然关心她的人并不多，但她在那间孤独的病房里受苦时确实受到了关注——受到了大量的关注。

与戴安娜和史蒂夫的这次交谈过去几年后，有一天晚上，我在巴尔的摩地区的一间教会演讲。讲话中，我简要地提及丹妮丝和她在生病期间保有的令人钦佩的信心。聚会结束后，两位女士走到讲台前跟我说，她们与丹妮丝的母亲共事，还说她们想周一早晨上班时就告诉沃尔特太太，说我提到了她的女儿。

真是太好了！很久以来，我一直想跟沃尔特太太取得联系，跟她分享戴安娜和史蒂夫曾与我分享的圣经教导，只是不晓得怎么找到她。

"你们见到她的时候，"我恳求道，"请帮我给她带个话。请告诉她丹妮丝的人生没有白费。我知道，她在那张孤独的病床上熬过8年的漫长岁月好像没什么价值，也没给任何人带来任何好处，但是天使和魔鬼为她感到震惊，他们一直在看，看她那无怨而坚忍的态度如一股馨香之气升起，飘向上帝。"

也许你们当中有些人就像丹妮丝——孤单……或只是感到孤独。不过，下次当你不禁想到你对试炼的反应对谁都没有好处时，在你想要放弃争战之前，请先读读我和朋友们那晚在壁炉边讨论的几句经文。这会帮你想起，你确是在注视之下，确是备受关注的。你甚至会发觉自己正在静听翅膀的沙沙声呢！

第七章

苦难让我们心意更新

多少世纪以来，上帝在《罗马书》8章28节的应许一直是基督徒的最爱："我们晓得万事都互相效力，叫爱神的人得益处，就是按他旨意被召的人。"我在第一本书《上帝在哪里》中写道，我以为万事相互效力使我得的那个"益处"，是指我会重新拿东西、走路，会去上大学，会结婚生子。可是后来一位朋友向我指出，接下去的那句经文才解释了我的试炼成就的真正"益处"——"因为他预先所知道的人，就预先定下效法他儿子的模样"。这位伟大的雕刻家手握苦难之凿，不断雕琢我的个性，使我成长为基督的样式。

我必须承认，一开始我并不觉得上帝给我试炼是"使我得益处"，并"使我更像基督"，这个道理多么动听。我觉得自己就像一个将要挨打的小孩，听着"打在你身上，疼在我心上"的老生常谈。是啊，真是的。上帝竟声称让我摔断脖子是因为他爱我至深？这叫什么爱！

我记得读过C. S. 路易斯写的一本书，叫做《痛苦的奥秘》，他在书中论述的正是这个问题：爱人的上帝怎么可能允许人间有这么多苦难和病痛？他的话句句说到点子上，然而有一点尤其中肯。他阐释说：在指责上帝不爱人的时候，很多人只考虑到爱的一个方面——仁慈，并将其夸大为爱的全部。可是爱的其他方面呢？比如建设性的批评、纠正，促人尽其所能之鞭策。如果我们所说的"爱"单指使他人免受一切苦难伤痛，那么上帝似乎并没有多少爱，给嚎哭的婴儿打针的医生也没有。

路易斯继而论述，我们人类对自己最关心、最喜爱的人和物是最苛求、最严厉的。我同意他的观点。作为一名画家，我对自己不在乎的画稿并不修改，就丢在那里随它去。可我若对一幅画兴味甚浓，便一再涂抹修改，把画弄得"遍体鳞伤"。似乎上帝就是那样对待我们的。祈求上帝对我们不管不顾、不加磨砺，是在祈求他爱我们爱得更少，而不是更多！

真正让我们心满意足的是这样一位上帝，他要求我们的，恰恰是我们乐意去行的，我们希望他说"只要他们满意就好"。实际上，我们最希望上帝

> 像我们在天上的祖父一样——是一个慈祥的老人，
> 他"喜欢看到年轻人自得其乐"，他对宇宙的计划
> 是，在每一天结束的时候由衷地说一句"大家今天
> 都过得不错"。[①]

噢，原来上帝是爱我们的，原来他让我们受苦的目的是让我们更像基督。但是苦难如何起作用？困境和虔敬之间有什么神秘关联吗？被迫陷入无助就能自动使我们成圣吗？答案当然是否定的。你想想，倘若坐牢的男男女女在年轻时吃过苦头就变好了，那些监狱牢房如今岂不会空无一人？有一些人，他们输掉的打斗越多，进班房的次数就越多，性子就越发刚硬。试炼非但没使他们受教益，反使他们刚硬，那么就像老话讲的，"太阳使黏土变硬，也使蜡变软"。

可是蜡究竟如何变软呢？是不是试炼一来，我们就要出去发起一场以"正面思考"、"我能做到"为口号的自救活动？不是。当然，磨炼自己的意志，努力效法基督的榜样，的确是属灵操练的一个重要部分。可是我们无论再怎么努力，也远远比不上基督的生命。我们就像一只仿照人手制作的手套，不论有多么精良、逼真，若不戴在手上就没有任何意义。同样，我们也需要基督本人在我们里面活出他的生命。保罗所说的正是这个意思："因为你们立志行事，都是神在你们心里运行，为要成就他的美意。"（腓2:13）既

---

① C. S. 路易斯《痛苦的奥秘》（华东师范大学出版社，2007年），26页。

然我们知道这一切都是神的美意，那么就来看看他是怎样做到的。

打碎重塑

上帝在我们身上成就任何美善之前，我们必先被打碎。这包括丧己之傲，屈己之志，认识罪恶之我，看清自我本质。在最初加入上帝之家时，我们往往是残破不堪的。然而就像一夜暴富的穷人，我们很快便忘记已经脱离的那个深坑。一点一滴地，骄傲自满重新渗入我们的生命，与我们刚刚认识基督、与他相处的时光不同，逐渐的，"小"罪在不知不觉中越来越多地蒙混过关。

为免从属灵山峰上跌落回去，上帝便惩戒我们。这个时候，我们会认为他已对我们绝望，想"以旧换新"，好少给他找些麻烦。然而他管教我们恰恰证明我们是他的孩子，因为父母不责打别人的孩子（来12:7-8）；也证明他爱我们，因为明智的父母如果真爱孩子，就必管教他们（来12:5-6）。可以想见，有朝一日我们站在上帝的座前因活出基督徒的生命而接受奖赏时，将多么庆幸上帝并没有任凭我们还在地上的时候偏行己意、任意妄为！

正如有的孩子，爸爸只须瞪一眼，他就会哭着跑回自己的房间，而有的孩子，却是不打不行，上帝也用不同的方法管教他的孩子们：有时只要阵阵愧疚便足以使我们降卑——

听一场使人悔改的布道，或读过某个基督教伟人的事迹后，我们就能感到自己相比之下的平庸；有时则要通过一些严厉的方式惩戒我们——比如让我们身体受伤、经济拮据或当众出丑。

无论什么方式，当危机初来的时候，我们难免固执地自忖："我能应付得来，谁都不会使我屈服。"可是随着上帝持续强力施压，我们开始意识到自己应付不来，意识到自己里面一无是处，意识到他定意要连根拔除我们丑恶的自我，代之以他的品格。但请记住，以他的义代替我们的罪并不会使我们变成机器人，也不会使我们的自我价值降低，只会解放我们，让我们活出自己本来的样子。

折断的脖子将我逼入绝境，使我认真思索基督的权柄。可是像所有人一样，我仍需磨砺。口渴时须等别人给我端水喝，尿袋破裂弄湿朋友的车座，这是上帝时而用到的两种方法，以保守我的灵命健康。但他最常用的工具则是愧疚感，这是上帝的苦难库里较为有效的一种武器。

很多年前的一个夜晚，上帝对我使用了这种武器，当时我正躺在床上跟姐姐杰伊聊天。我们感叹她的女儿凯伊长得真快，才12岁就很有淑女风范了，也对凯伊上教会学校并在主里成长感到欣喜。这让我们挂念起凯伊最好的朋友、邻居凯西的属灵状况。凯西总是在我们家进进出出，她欢快热情，是个像凯伊一样可爱的小姑娘。我们从没跟凯西认真谈过主的事，因为很难逮到她独自一人或者坐着不动的时候！

于是在几周前的一个晚上，我们邀请她过来观看葛培理的电视演讲。大家坐在客厅里一边吃饼干一边看电视，凯西听得很投入。演讲结束后，她自言自语道："嘿，要是我在现场，我就上前边去。"杰伊和我对视了一眼，可是我们还没来得及跟她深谈，她就要回家了。

我知道应该由我来趁热打铁，因为她要是肯听人劝，就一定会听我的。凯伊告诉过我，凯西读过我的书，喜欢我。她总是乐于给我端水，为我跑腿儿。她甚至向我姐姐吐露，觉得我是世界上最优雅的人。可是第二天，凯西串亲戚去了。之后我又忙于别的事，一个月慢慢过去，我好像总没机会跟她谈。我的脑子里装的全是未来几周的演讲任务，凯西被我抛到了脑后。

在我躺着跟杰伊聊天的那个晚上，我刚刚结束一轮巡回演讲回到家，身心俱疲，只想休息，无心探讨任何沉重的话题。才出浴室仍在梳头的杰伊却有一搭无一搭地问起我有没有跟凯西谈过信仰的事。

"没有，我还没跟凯西谈过。"我想让她打住，便咕哝一句，继续盯着电视看新闻。可是良心的微微刺痛让我无法专注于荧屏。

为了推卸责任，一分钟后我反问："你为什么不跟她谈谈？"

"得啦，琼妮。"杰伊回答，"你比我跟凯西更亲近，而且你知道她多仰慕你。"

至此，我的自尊心开始受伤，防御机制启动，人立马变得执拗起来。"我哪有时间啊！"我冲口而出。

"哈！"杰伊叫道，"您倒有时间在全国飞来飞去地传福音，却没时间关心一下外甥女的好朋友？"

这下戳到了我的痛处。"怎么谁都觉得总该我去赢得天下人心？"我气急败坏，然后继续怒气冲冲地争辩。

可是我的"演说"一结束，良心之箭就射穿了我的心。由于我无法起床离开卧室，只好紧闭双眼扭过头把脸埋进枕头。怒火在我胸中燃烧，眼泪顺着脸颊不住地流。我不愿承认，但我知道杰伊是对的。

卧室灯熄灭之后，一台小放映机开始在我的脑子里放电影，放的全是凯西和我共处的情景：她帮我调整画架，给我倒尿袋，对我津津乐道她的男朋友……我本来有很多机会可以跟她更严肃地谈一谈。不用说，我的锐气顿挫，自尊心崩溃。不仅如此，我还清楚地瞥见自己在上帝荣光之下显得多么卑劣。

上帝此时一定着实生我的气，我自忖。可我思来想去，发现这个想法不对。《以弗所书》4章30节的经文闪现在我的脑中，教导我们不要叫神的圣灵担忧。原来，与其说上帝生我的气，不如说他"伤心"更确切。

我想起曾经听过一场布道，讲的正是基督如何以死彻底清除了我们的罪。"当耶稣在耶路撒冷城外，在可怕的十字架上流血受苦的时候，"牧师讲道，"上帝似乎在愤怒中谴责他：'耶稣，你为什么说谎？你为什么恨你的邻居？你为什么欺骗、行淫、贪财？我要为这一切在此惩罚你！'当然，基督从未做过其中任何一件，但是我们做了，我们每一项罪都被归到他那里去了。"

基督遭此待遇让人觉得很不公平。牧师继续道："耶稣担当了我们的罪，为我们犯下的罪受苦，当时他承受着难以形容的恐惧，不禁大喊：'我的神！我的神！为什么离弃我？'你们知道为什么吗？上帝在那一天离弃了他的独生爱子，好让我们的罪能被彻底清除，好让他可以对我们说：'我永不离弃你。'如果你认耶稣基督做救主，亲爱的朋友，上帝因你的罪而生的愤怒就都倾泻到基督身上，不留一丝余怒给你。"

不留余怒给我！这使我惭愧得几乎承受不起。上帝的恩慈确实在领我悔改（罗2:4）。于是，我默默倾诉道：上帝，我飞来飞去给各地的人讲你的事，却从未和邻居凯西认真谈过。噢，求你原谅我如此盲目，如此伤你的心。原谅我把自己的便利看得比凯西得救还重。也感谢你爱这如虫一般的我。

请别见怪，我是把虫想象成那种恶心的卑微造物，在地上蠕动、吃土，就欠踩上一脚！大卫在《诗篇》22章中说他"是虫不是人"，当时他一定也有同感。不像蛇会昂首嘶嘶吐信反击，虫不会自卫。虫知道自己是虫，是要被踩死的。我那一夜就有这种感觉。我晓得自己里面一无是处。我是个破碎的人，而这正合上帝之意。

　　我虽未意识到，但是在打碎我的过程中，上帝使我更像基督了，因为基督自己就是破碎之人的最佳代表，这倒不是说耶稣曾有过需要重塑的顽劣品性，而是因着离开天堂的荣耀成为人，他展示出对天父的顺服，那种我们只能在破碎的过程中表现出的顺服。事实上，破碎的全部意义即在于，我们意识到毫无权利掌管自己的生命，从而降服在上帝面前。

> 你们当以基督耶稣的心为心。
> 他本有神的形象，
> 不以自己与神同等为强夺的，
> 反倒虚己，
> 取了奴仆的形象，
> 成为人的样式。
> 既有人的样子，就自己卑微，
> 存心顺服，以至于死，
> 且死在十字架上。
>
> （腓2:5-8）

基督有着何等的品性！

　　安德鲁·默里曾说，正如水总是向下流、灌满低处的地方，上帝也总在我们被耗尽、打碎、自卑的时候用他儿子的品性充满我们。想想吧，这本身就足以给我们真正的希望，再难再苦也值得。

　　说到被充满，当凯西和凯伊在次日早上蹦进我的卧室时，我着实被神圣的喜乐充满了。我从来没有一见谁的面就这么欣喜若狂过。跟凯西谈了仅仅几分钟后，我就看出圣灵已经在她里面做工，软化了她的心，打开了她的心门。

我们低下头，凯西用质朴的言词祈求基督作为救主进入她的生命，这时我情不自禁地抬眼偷看了她一阵。我不由得心中暗喜：主啊，你知道，我被打碎伤心一时，但到头来确是值得的。

> 凡管教的事，当时不觉得快乐，反觉得愁苦，
> 后来却为那经练过的人结出平安的果子，就是义。
> （来12:11）

心意更新

惩戒是有益的，但上帝也通过其他更积极的方式使我们在苦难中重新被塑造。就拿一位好父亲养育9岁儿子的方式来打个比方。每当儿子违规抗命的时候，爸爸自然要管教他。当他表现好的时候，父亲仍然会给他分配一些任务，在一个9岁的男孩看来，这些任务常常像是惩罚，而且令人讨厌。也许他一周要负责倒两次垃圾或剪草坪；也许他必须把一部分零钱存进银行。无论是什么，孩子难免这么想："就因为爸爸必须整天工作，所以他也不想让我开心。"可根本不是这么回事。明智的父亲是在锻炼儿子的责任感，以便他长大以后有准备地面对世界。

我们有时就像9岁的小孩，以为上帝让我们受苦是因为"他不想让我们开心"，而他的真正意图则是要我们不贪恋

世俗的玩乐。《歌罗西书》3章1-4节就讲到这点，教导我们不要思念地上的短暂事物，而要思念天上的荣耀，那里有基督坐在上帝的右边。

在我行动自由的时候，我发现要把心思放在天上极其困难。我太过专注于眼下的浮华，沉溺于跟合适的人约会，开合适的车，上合适的学校，与合适的人群为伍。可是当我终于发现自己再也不能走路、跳舞、游泳、骑马、弹吉他、开车、在曲棍球场上挥杆得分的时候，我被迫开始思念天堂。这不是因为天堂突然变成了世外桃源或某种心理上的避难所，而是因为我开始意识到获得永恒快乐的唯一希望就在那里。圣经中有些讲述上帝承受苦难之含义的章节，过去觉得很乏味，这时却突然吸引了我的注意。我兴致勃勃地阅读起来，比股票经纪人阅读道琼斯指数的兴趣还大。

今天，在永恒的光照下度过每一天已成为我的生活方式，我几乎忘了旧的生活和思维方式是什么样。可是不久前，上帝让我回望了一眼。

那天晚上，一帮朋友来到我家农场聚会。火焰在巨大的石砌壁炉里噼啪作响，火光中，姐夫弹起吉他，众人围坐说笑唱歌。我们的乡村居室已有150多年历史，是由奴隶营房改建的，架房梁的木头是我爸爸从一艘老帆船上拆下的，半米厚抹了泥灰的墙上点缀着爸爸画的风格粗犷的西部风景画。壁炉对面墙上悬挂着手工编织的印第安挂毯，使这间安逸、隐蔽的居所情趣十足。

　　我觉得坐轮椅很舒服，所以通常就坐在里面，而其他人或坐沙发，或坐安乐椅，或背靠墙壁坐在地毯上。可是今晚，有人把我安顿在了沙发上，坐在朋友贝琪旁边，贝琪还帮我跷起二郎腿。此时的我除了戴着臂箍，看起来特别"正常"，不认识我的人进屋绝不会看出我瘫痪了。

　　有那么一阵，我安闲地坐着吸纳屋里的一切——笑声、掌声、歌声。后来贝琪扭头问我坐沙发的感觉如何。

　　"你知道最有意思的是什么吗？"我沉思着再度扫视屋内，然后看着她答道，"我以这个姿势在沙发上坐了一会儿，大概45分钟，就能看出假如行动自如，我轻易就会忘记上帝。"

　　你看，像个正常人一样坐在沙发上，更容易让我幻想自己在做正常人能做的很多事，诸如从冰箱里给自己拿一瓶可乐，放一张唱片，给人开门等。我也能看出，至少对我来说，再度沉溺于"眼下"的琐事是何等容易，以至上帝很快就会变成我心中一个象征性的摆设。

　　可想而知，若非上帝利用苦难吸引我们的注意，很多人根本就不会想到他。"当我们沉迷在享乐之中，上帝会对我们耳语；当我们良心发现，上帝会对我们讲话；当我们陷入痛苦，上帝会对我们疾呼；痛苦是上帝的扬声器，用来唤醒这个昏聩的世界。"[1]假如没有苦难，我们就会安逸地度过一生，难得闪念想到上帝或者永恒的结局——直至抵达那

---

① C. S. 路易斯《痛苦的奥秘》（华东师范大学出版社，2007年），26页。

里，所以上帝才仁慈地将苦难摆在我们面前作为"去地狱途中的路障"[1]。

保罗和提摩太有一次提到，上帝曾叫他们经受极艰难的试炼，好让他们不靠自己，只靠上帝（林后1:8-9）。那个晚上，我对这两句经文产生了极大的共鸣。我的轮椅，因为有形，一直在提醒我，我是多么依赖上帝；背部的刺痛、胸衣的崩裂、褥疮的折磨——都在提醒我，我实在无能得很。它们是上帝对我拥有主权的特殊标志。它们使我把心思和希望放在天上。它们使我更像基督。

面临抉择

你想要鱼和熊掌兼得吗？我有时就想，有这种想法的很可能不止我一个。比如有人喜欢佛罗里达的温暖气候，却在寒冷的新英格兰获得了极佳的工作机会，每个人都有面临艰难抉择的时候，我们巴不得二者兼得，却不得不二选一。

在两种对立的欲望间作决定，没有人比基督徒更能体会个中难度：一方面，圣灵帮助他爱上帝，饥渴慕义；而另一方面，他的基督教信仰却因他自己罪恶本性的引诱不断受到挑战。他巴不得同处于两个世界，却不得不二者择其一。

当提到杀人、醉酒、奸淫这样的"大"罪时，我们大都毫不犹豫地选择顺从基督，而我们紧抓不放的却是所谓

---

[1] John W. Wenham，《上帝的美善》56页。

"小"罪,正是诸如忧虑、抱怨、怀恨这样的罪,使我们一只脚迈进神国,一只脚留在世间。这些罪不如其他罪明显,所以如果没有上帝的强迫,我们可能根本不会去对付它们。然而"小"罪在上帝看来也是大的,所以他的确在强迫我们改正,而他使用的方法就是——

苦难!

不难想象,住院初期我苦苦挣扎,要明了瘫痪对我一生的真正意义,那时,忧虑、抱怨、怀恨的情绪常常诱惑我。内心深处,我知道它们是罪,可头脑在为自己辩护:"上帝当然不会介意我时不时发泄一下情绪。毕竟,我都瘫痪了!"

雪上加霜的是,住院才几个月,我便得知自己得接受一次手术,因为脊柱下端的骨头穿透了皮肤,必须磨掉。手术之后,我被迫面朝下趴在史赛克翻身床上15天,等待伤口愈合。除非经历过,否则你无法想象那是什么感觉:整个人被捆在那讨厌的帆布"三明治"里,脸被箍在一个圆洞里,你只能看见正前方。在我这儿,正前方就是地面。好啊,在轮椅上过活还不够我受的;现在我竟被绑在这架刑具上数地砖,一动也不能动!

假如上帝对我的惩罚到此为止,我早就成了失败者——在那泥坑里越陷越深。我也不会对他有多大用处。那么上帝做了什么?他又加上一道难关!我在帆布三明治里当香肠的头一天,他就用香港流感当"酱料"给我抹上了!不能动弹跟不能顺畅呼吸比起来,顿时变得微不足道,同时,更有剧烈的头痛在折磨我！

我愤怒地抱怨说：为什么？我受的还不够吗？然而经过思考，我明白了。上帝是在强迫我睁开眼看清我在做什么。我的怨恨已经不是涓涓细流，而是不可忽视的滔滔江水。他好像正在把我的愤怒举到我的面前，慈爱却严肃地说："不要转头望着别处。瞧瞧！这就是你所做的。这是罪。你打算拿它怎么办？"他在强迫我作决定。

那一刻，上帝把我逼入了一个角落，那种我们都应该时常被逼入的角落。我必须面对事实进行抉择：在这件事上，我是不是打算跟从基督？压力变得如此之大，我要么只得将局面完全交给他，要么放纵自己暂且沉湎于愤怒和怨恨。哪条路都会立即给我某种解脱，但它们是两种不同的药方，不能混用。不能再有任何中间立场。

面对这样的最后通牒，我终于看清，放纵自己的那条路是多么险恶。我终于意识到：如果我要做基督的真正信徒，就要以弃绝罪为代价。难道罪比我与上帝的关系更值得珍视吗？当然不，我意已决，并轻声祷告，向上帝悔罪。当蒸汽从床下的热水盆升腾起来清醒了我的头脑时，我心里明白，我对上帝的顺服正如馨香的蒸汽冉冉升腾，向他飘去。

当上帝将或轻或重的苦难带进基督徒的生命时，他是在迫使你对一直在回避的难题进行抉择。他在催促你问自己几个问题：我打算继续同处两个世界，顺服基督和我自己的罪恶欲望呢，还是打算拒绝担忧？我打算在试炼中感恩吗？我打算弃绝罪吗？简言之，我打算仿效基督吗？

他给你苦难，也给你选择权。

> 当上帝有意锻炼一个人，
> 磨炼一个人，锤炼一个人；
> 当上帝有意造就一个人，
> 去扮演最尊贵的角色，
> 当他怀着深切的渴望，
> 欲塑造一个大无畏的人，
> 一个令全世界惊叹的人，

且看他怎样做，看他怎样行！
他将谁完善，毫不留情，
他将谁庄严地拣选；
他怎样千锤百炼，
发强力击打改造，
将泥土塑成贵重的器皿，
唯有上帝能够明了。
人却撕心裂肺地呼求，
又高举双手苦苦哀号……
但上帝砌筑绝不摧毁，
他动工是为人的益处。
他怎样利用选中的人，
以强力大能去激发，
凭一举一动去引导，
使人显出他的荣耀，
他的作为他知道！

Part 2

第二部分
苦思冥想拼拼图

第八章

信靠和顺服

想当年行动自由的时候，我有一项特别的爱好：骑马。为什么我特别爱骑马？因为我那匹栗色纯种马奥奇是绝对的跳跃大师。不过，它看上去实在不像高级纯种马。它的细长腿和瘦身子酷似体重跟不上身高增长的青春期少年，再加上它的大脑袋和高鼻子，凑成一副丑模样，永远无望在选美比赛中胜出。但它跨越障碍的能力非凡，几乎每次参加马赛，奥奇都会包揽场地障碍赛的所有冠军奖项。

除了非凡的节奏控制能力，奥奇还有一大优点，就是对我的立即服从和绝对信任。每当我们进入赛场，它都会在一个地方轻快地跳跃，从不乱拉缰绳，耳朵却前后轻摆，恭候我的指令。我从来不用猛拉它的头，只勒紧它嘴里的马嚼子，使缰绳保持低而紧绷。每当我想让它前行，只须双膝微夹一下它的肚子——嗖！它就窜出去了！

奥奇会信心十足地慢跑至第一道障碍，敏捷地飞身跃过，然后再次摆动耳朵，等我发出下个动作的指令。第二道障碍，它也一跃而过，然后是第三、第四、第五道，它在遍布障碍的迷宫中腾跃穿行，几乎从不在最后一秒畏缩拒跳。完成比赛后，奥奇会大汗淋漓，我就拍拍它的肩膀，这时我常常觉得它和我一样对它的表现很满意。

要想完成障碍赛上一系列复杂的跳跃动作，马必须信任且顺服它的骑手。跨过一道障碍之后，骑手必须勒住马，这样马就不会累着自己，而能以适当的步速奔向下一道障碍。如果马不听话，人和马就要一起遭殃！感觉马在障碍前面几米处开始移动重心，骑手必须知道何时放松缰绳，放出马头，以便马能够干净利落地跳过去。马必须信任骑手的驾驭。这种信任是双向的，需要真正的默契。

奥奇和我就有那种默契。我知道它对于我的信任是绝对和完全的。我的指令一出，它就急欲服从。按我的意愿去做就是奥奇心之所喜。它是否熟悉前方的障碍场地并不重要，无论那些一米二高的木栅栏或者一米五高的三重宽围栏看上去有多难跳，它从不显出丝毫的担忧。它就是爱跳跃，而且因为信任我的判断，它总是不偏不倚地执行我的指令。

每个人前面的人生道路，都像由重重障碍组成的令人困惑的迷宫，我们要做的就是跨越那些困难的、时而带来痛苦的障碍。迷宫的样式越趋于复杂，训练越趋于严苛，我们就

越忍不住怀疑驾驭我们的骑手的智慧。我们不愿意服从，想要拒跳和躲避。

　　使徒彼得在写第一封信时便了解这个情况。当时，他的读者生活在暴君尼禄的统治之下，很明白"朝不保夕"这个词的意思。当然，彼得安慰说，天堂里有大奖赏在等着他们。但是他们当前应该做什么呢？他们该如何应对前方那条难以理解和抗拒的人生之路呢？彼得这样劝告他们："所以，那照神旨意受苦的人要一心为善，将自己灵魂交与那信

实的造化之主。"（彼前4:19）

　　将我们的灵魂交与信实的造化之主，就是信靠上帝。一心为善，就是顺服上帝。如果你从小就去教会，你大概唱过那首古老的赞美诗《信靠顺服》（*Trust and Obey*）很多很多遍。按照彼得的说法，当障碍难以逾越，道路似乎走不通的时候，信靠和顺服就是对上帝旨意最好的回应。

信靠上帝

　　想想可知，奥奇对我的回应并非取决于它对前方所设障碍的认同上。事实上，它不知道也不明白摆在它面前的是什么，关键在于它了解我。多年来，我给它喂食、刷毛，训练它，领它避寒。我们建立了一种关系，我也一次又一次地向它证明我是值得信赖的，并能由此赢得奥奇极大的信任，使它对我唯命是从。

　　几年前，正是因为这种信任的关系，我们才得以在火灾中挽救马匹的性命。我在前文提到父亲的谷仓曾遭火灾，事故发生时，我们的第一个念头就是要保证马匹的安全。大火能使一向冷静的马受惊发狂，于是我们先用毯子蒙住马的双眼，然后才领它们穿过呼啸的烈焰，来到安全的户外。在这种考验下，马必定忐忑不安，它身边到处是纷乱的噪声和骚动，它的鼻子闻到难闻的烟气。但此时，这些人却用一条通常是搭在它背上的毯子盖着它的双眼，要它在连看都看不见的情况下跟着他们走。对马而言，用C. S. 路易斯的话说，"假如它是个神学家，它会因为人对它所做的一切而质疑人的'良善'"。[①]所幸，我们的马不是神学家，它们是马。在无法理解的混乱时刻，它们信任我们会一如既往地关照它们。它们没有反抗，没有质疑我们的智慧和权威，因此，我们能够挽救它们的生命。

我们同这些低等动物相差多么远！它们将极大的信心托付给了自己的主人——区区人类，然而决意以无比宝贵的代价救赎我们的至高上帝却得不到我们的信任。"牛认识主人，驴认识主人的槽；以色列却不认识；我的民却不留意。"上帝在《以赛亚书》1章3节中叹息。

是什么造成了我们这种愚蠢的不信呢？是我们对上帝缺乏认识，意识不到他已经行了多少事来向我们证明他自己。我们实在不晓得我们的上帝是谁，是怎样的神。圣经中的虔诚人视上帝的品格和本性为他们信仰的坚实基础。"我想起这事，心里就有指望。"耶利米在巴比伦入侵以色列酿成的恐怖和混乱之中提醒自己，"我们不至消灭，是出于耶和华诸般的慈爱，是因他的怜悯不至断绝。每早晨这都是新的。你的诚实极其广大！……因此，我要仰望他。凡等候耶和华，心里寻求他的，耶和华必施恩给他。"（哀3:21-25）耶利米定意信靠从圣经和历史中得知的有关上帝的真相，而没有依赖自己对事情的判断。

---

① C. S. 路易斯《痛苦的奥秘》，29页。

琼妮初创轮椅事工的时候，朋友戴安娜·穆德和贝琪·山保尔是她的助手。

琼妮的二姐杰伊。

琼妮的三姐凯西享受厄尔克森家人挚爱的休闲活动——骑马。

左：琼妮、凯西和杰伊在葛培理布道会上，1977 年。

中：琼妮在世界宣明会上与残疾朋友交流，1977 年。

下：琼妮和葛培理，1977 年。

上、中、下：
选自 1978 年琼
妮·史蒂夫和弗
娜·埃斯提合作
《风闻有你》一
书时的照片。

上：琼妮的铅笔素描，
画的是正在刻木头的
父亲。

下：琼妮早期的一幅
铅笔素描。

多田和厄尔克森两家出席琼妮和肯的婚礼，
1982 年 7 月 3 日。

一对新人！

肯和琼妮，1998 年。

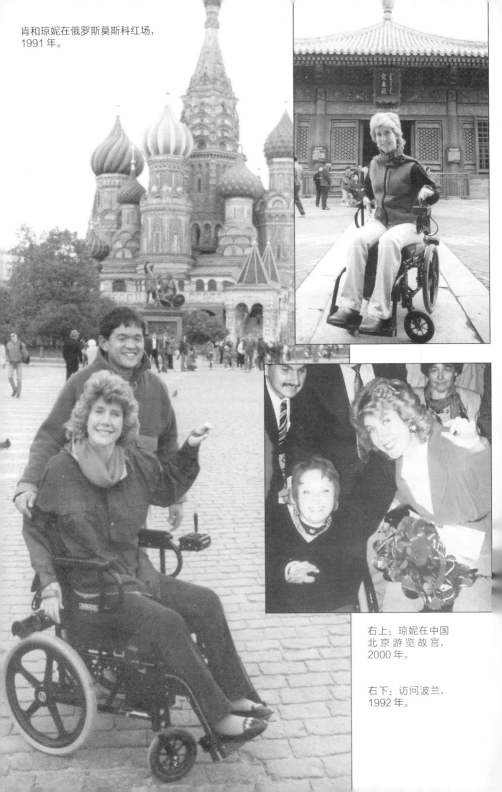

肯和琼妮在俄罗斯莫斯科红场，1991 年。

右上：琼妮在中国北京游览故宫，2000 年。

右下：访问波兰，1992 年。

签署美国残疾人法案期间，时任美国总统布什在白宫草坪上欢迎琼妮。

肯和琼妮在白宫拜访芭芭拉·布什，1990 年。

上：肯和琼妮乘坐老式四轮马车，1998 年。

左中：肯钓到一条金枪鱼，1999 年。

右下：肯和琼妮在柏林墙边，1989 年。

上："合家欢"活动，1999 年。

中："大家来运动"T恤衫。

下：在"合家欢"中谈心，2000 年。

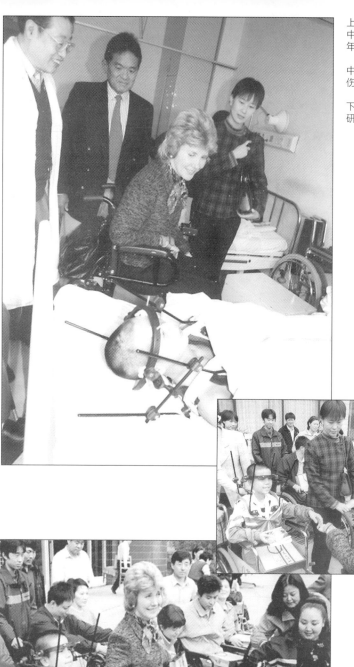

上：在中国康复研究中心探望患者，2000年，北京。

中：琼妮慰问脊柱受伤的男孩。

下：琼妮在中国康复研究中心慰问患者。

上：获赠轮椅笑开颜。

左中："轮椅世界"的治疗专家在秘鲁帮助一个男孩适应新轮椅。

右中：贝基坐轮椅出行，给各地的孩子送去轮椅，1999 年。

下：贝基的父亲帮助一个女孩适应新轮椅。

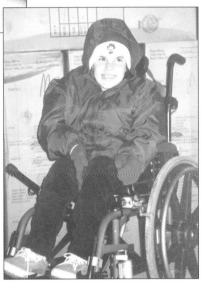

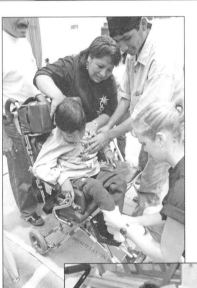

上：琼妮和母亲将琼妮父亲的画像安置在美国摔跤名人堂，1996 年。

右中：四世同堂，左起：杰米·凯·伯恩、林迪·厄尔克森、杰伊和肯·泰勒。

下：琼妮和肯怀抱侄女凯乐，与肯的妹妹和母亲合影，1997 年。

亲家母：林迪·厄尔克森与凯伊·多田。

琼妮和母亲过圣诞，1999 年。

上：琼妮和吉姆·山德士准备录制
广播节目"琼妮之友"。

中：50 岁生日贺卡！

下：史蒂夫与弗娜·埃斯提和儿女
济济一堂，1998 年。

使徒保罗在苦难中保有信心，并非基于"我知道这事为什么发生在我身上"这个假设，而是基于"我知道我所信的是谁"（提后1:12）这个事实。他所信的上帝就是凭自己的大能使日月星辰运行的那一位。就是他，以无穷的智慧聚水成海，建构时空，隆起山岳，凿开江河，散布雨雹，孕育人类。在保罗看来，这位至高神的本性和品格的最佳证明莫过于他抛开神的荣光，降世为人，并为我们受难至死。"神既不爱惜自己的儿子为我们众人舍了，岂不也把万物和他一同白白地赐给我们吗？"（罗8:32）

如果上帝竟做出以上这些事，他显然已证明了自己！当他用毯子遮蔽我们的双眼时，他无疑值得我们信靠。

> 那双抛出燃烧的天体
> 使它们在远离地球
> 若干光年外旋转的手，
> 脱下王袍，
> 披上人形，
> 忍辱经由分娩出生。
> 那双感应爱之大计，
> 用尘土和命运
> 依神形造人的手
> 伸展开——遭人嫉恨被钉穿——
> 造就新生命，揭示爱之大计

在各各他的十字架上。

那双不费吹灰之力

折皱山脉，

舀干海水，

平衡自然系统，

导演历史进程的手，

守护，并塑造着，我！

（马里恩·唐纳森）

什么是信靠？

当我说我们要在苦难之中和危急关头信靠上帝时，我说的并不是一种情感。信靠上帝未必要具备信任之情，而是一种意愿的表现。因为在本质上，信靠上帝就是劝说你自己按头脑中所相信的去行，即使你觉得那不像是真的。

在我受伤的头几个月里，上帝的许诺一点也不像真的。依我看，上帝是疯了。这可恶的瘫痪怎么可能符合一种有益于我人生的模式呢？我感觉灵魂之绝望就如同包围我的灰色墙壁一般。甚至我在出院回家之后，依然很难信靠上帝。当我全身心都处在一种抵挡状态时，怎么能指望我相信他的美意呢？

答案出现在一个漫长而愉快的夜晚，当时我和史蒂夫、黛安娜正围坐在我父母家的客厅壁炉旁讨论属灵问题。史蒂夫手捧圣经，正要讲解他本周刚刚研习的一段经文。他翻到《约翰福音》20章，开始朗读描写门徒在耶稣下葬数天之后因害怕而关门躲避犹太人的情节。他讲道：突然，耶稣出现在屋子当中，向惊恐的门徒宣告他确已复活。

这一切发生的时候，多马因故在外，后来他回到屋里，却并不相信同伴们所说的，他声称："我非看见他手上的钉痕，用指头探入那钉痕，又用手探入他的肋旁，我总不信。"

一周以后，还是那间屋，还是关着门，耶稣再次对聚集的门徒显现。只是这一次，多马也在。耶稣就对他说："伸过你的指头来，摸我的手；伸出你的手来，探入我的肋旁。不要疑惑，总要信。"

面对可见的证据，那惊愕的门徒能做出的回应唯有敬拜称信："我的主！我的神！"

史蒂夫略微前倾以强化感情，然后缓慢地读出第29节经文，分明是读给我听的："耶稣对他说：'你因看见了我才信；那没有看见就信的有福了。'"

这句经文给我重重的一击。原来耶稣是希望我信他所说的，而不必依赖可触或可见的证据。当然，他可以就地显现在我屋里，那样会使我很容易就信了。可他希望我凭他的话相信他。我不是也愿意别人相信我的话吗？假如我在本地商店买东西时短了几分钱，店员会让我先赊账，说："下次付给我。我知道你不会赖账。"这种感觉不是很好吗？难道耶稣不希望受到同样的待遇？

虽然颇费一番努力，但是从那时起，每当产生疑虑，我就以从圣经中所学到的真理来劝说自己，相信上帝的信实。现在我还时而需要那样做。我不论是否能感觉得到，都坚信耶稣所说的。在天堂里我将得到奖赏，不是因为我看见并信了，而是因为没有看见，没有感觉，我还是信了。凭上帝的话语而信，不依赖眼见为实，你我便有了荣耀上帝并受称赞的殊荣，这种称赞是十二使徒不可能得到的。

顺服上帝

当上帝允许我们受苦时，我们有时却偏偏利用所受的试炼作为犯罪的借口。我们觉得，既然我们因为最近遭受的磨难已经给了上帝一点额外的奉献，他就应该给我们"放一天假"，让我们随心所欲。我心里一直有这样的争战。我多想放纵自己做一会儿白日梦，或者自怨自艾几分钟，而且我很容易为自己辩解。我对自己说：因为残废，我岂不是已经比很多基督徒必须放弃的都多了吗？凭这张轮椅，我难道还没资格时不时地懈怠一下吗？

有这种感觉的时候，如果我们坐下来在圣经的光照下审视这些无力的辩解，它们就会一个个地消失。为什么苦难不能成为犯罪的借口，圣经至少给出了三条理由。

第一，上帝已应许所有基督徒，给我们做正确之事的愿望和力量——无论在什么样的情况下！我原以为我的试炼是个例外，他不能对我像对其他人那样要求，因为我的情况"与众不同"。然而《哥林多前书》10章13节告诉我："你们所遇见的试探，无非是人所能受的。"

躺在医院病床上的时候，我总是觉得上帝在迫使我承受我受不了的。然而《哥林多前书》10章13节告诉我："神是信实的，必不叫你们受试探过于所能受的。"

有时候，欲望和痛苦会诱惑我，我心下断言："这次我可没法对痛苦说'不'，没法挣脱罪的捆绑了。"然而《哥林多前书》10章13节又一次告诉我："在受试探的时候，总要给你们开一条出路，叫你们能忍受得住。"

至此，要么我是对的，要么他是对的。面对这样的一种选择，我知道无论如何不能称上帝为骗子。所以当我在苦难中犯罪的时候，不是因为我不得不犯，而是因为我愿意犯。上帝赐给我在轮椅里生活的恩典，而没有赐给你——如果你能行走的话；但他也许赐给你忍受丈夫去世、听力丧失、穷困或者别的什么他没有给我的恩典。我们每个人都应该依靠上帝赐予的恩典，忠实地担起我们自己独有的担子。

既然我知道自己能够顺服，待解的疑问就是：我是否愿意？这便引出了基督权柄的问题——我为什么没有理由犯罪的第二个原因。任何人跟从基督之前，基督便明确指出他是要做主的，跟从他就需要我们真心顺服，没有商量的余地。我们将要陷于怎样的境地，他从一开始就说得很明白：

"若有人要跟从我，就当舍己，背起他的十字架，来跟从我。"（可8:34）他还说："手扶着犁向后看的，不配进神的国。"（路9:62）

除此之外还有一点：既然苦难的根本目的就是使我们远离罪恶、仿效基督，那么利用苦难作为犯罪的理由岂不荒谬？彼得说你们这些"在肉身受过苦的，就已经与罪断绝了。你们存这样的心，从今以后就可以不从人的情欲，只从神的旨意，在世度余下的光阴"（彼前4:1-2）。住院期间，我遇见过很多这样的人，他们在健康的时候是不会把一分一秒献给上帝的，而当他们扑通一下落入冰冷的苦水之后，便从灵魂的沉睡中猛然惊醒了。因此，我们若是利用意在唤醒我们的手段作为灵魂打盹的借口，该是多么愚蠢的行为。

然而圣经为我做的不单单是消灭不顺服上帝的借口，还给出了一些激发我去顺服的正面激励，比如喜乐。还有什么比拥有一颗无愧的良心，明白你的麻烦并不是自找的更能让你心生喜乐呢？即使惹上麻烦是你的过错，通过重新开始顺服，你知道你已经在逃脱惩罚的路上迈出了第一步。最可喜的是，我们知道："忍受试探的人是有福的，因为他经过试验以后，必得生命的冠冕。"（雅1:12）

第三点，顺服上帝的旨意去爱他人，是我们在苦难中必须做的最困难的一件事。虽然我们已深陷痛苦、悲伤之中，但屈服于自己的需要，只会伤害自己，因为当我们把心思从自身移开转而关心他人的时候，才能真正得到医治。

几年前的一天，去参加朋友谢乐尔的告别单身派对，当时我的情绪十分低落。我后背很疼，胸衣又太紧，弄得我头痛欲裂。我得承认，我的良心也在跟我过不去，不断地让我想起当天早上我对家人说的几件事，尽管我已经向上帝坦承了自己的问题。我环顾四周，尽是欢乐的笑脸，但这些改变不了我的心情。我暗自想到：我今天该高兴才对。毕竟，谢乐尔是我最好的朋友，今天可是她的好日子！然而，我能做的只有努力摆出一副笑脸，希望谁都别来跟我搭讪。

我呆视前方，心不在焉地看着波普·邦德——谢乐尔的准公公，他是派对上唯一的男士。邦德先生全然不顾姑娘们叽叽喳喳的说笑，只顾在礼品盒中间小心择路，挑选角度，咔嚓咔嚓地拍照。可是当他把镜头对准我的时候，他便不再是我视野里的一个模糊身影，而突然变得清晰起来。

"哦,不要。"我抗议道,"求你别拍我。"

"怎么啦?"他微笑着说,迈步向我走来,"你今天看上去很精神。"

我垂下眼帘:"唉,波普,我可不觉得自己很精神。"

"没关系。这台相机能让你在坏日子里也显得精神焕发。"他一边开玩笑,一边在我身边的折叠椅上坐下,"来,我给你看看我刚买的新镜头。"

说着,他打开皮箱,骄傲地展示一箱子的相机配件,一个一个地拿出来讲解。

"嘿,你瞧瞧这个新的两百毫米变焦镜头。可棒了!用一只手就能聚焦和变焦。"

我得承认,我没太大兴趣听他讲这些拍照的玩意儿。但当这位目光炯炯、蓝眼白发的绅士滔滔不绝地讲的时候,我还是在听。他兴奋地描述自己的地下室暗房。当他讲到自己的照片曾在本地获奖时,他的眼里闪着骄傲的光芒。

"噢。"我漫不经心地点着头,仍然提不起兴趣。可是,当他细细地讲起前不久去"酋长马场"给几座畜棚和冷库拍照片的经历时,我有了点兴致。他接着讲到几周以后怎样返回马场给经理送洗好的照片。

我不由得想到:波普真是钟情于他的爱好啊,这真是令人羡慕。他的故事还没完。

"经理特别喜欢那些照片,他问我回头给他们的种马拍些照片行不行。"他兴奋地说。

"开玩笑吧！"我提起了一点精神，"你有本事叫性子暴烈的纯种马老老实实地站着拍照？"

"唔，不太容易。"他笑着竖起一根指头，"不过我们大家齐上阵，就……"

没过多久，我意识到自己对波普讲的东西很感兴趣，而且真的听进去了。

"嘿，波普。"我笑道，"你哪天一定得来我家农场。带上你的相机，咱们痛痛快快地拍它一天。"

派对结束的时候，我发现自己的确十分关心这位可爱的老绅士和他的爱好。更妙的是，我把背疼、头痛和愧疚感全抛到九霄云外去了。我对他表现出的关注恰恰是对我产生神奇疗效的医治方法！

当上帝教导我们要在苦难中顺服他，要先替他人着想的时候，他必有自己的道理，也知道我们这么做了之后，是不会后悔的。

"你们要给人，就必有给你们的，并且用十足的升斗，连摇带按、上尖下流地倒在你们怀里；因为你们用什么量器量给人，也必用什么量器量给你们。"（路6:38）

第九章

不要比较，要分享！

❦❧

1967 年7月的一个炎热午后，当我光着脚丫站在木浮桥边沿的时候，怎么也想不到，我即将跳入的切萨皮克湾竟然那么浅。我本该有所顾虑，本该先检查水深的，可是这片看似无害的水域引诱我跳入了一个陷阱，使我摔断了脖子，丧失了在余生中使用双手和双腿的能力。

生活中还有一种陷阱，每一个遭遇苦难的人都应该警惕。当然，我这里指的并不是一片水域，而是一种心态——禁不住拿自己跟那些看似比自己处境好的人做比较的心态。只要放纵自己陷入这种危险心境之中几次，我们就会发现自己被困在自怜的网中，不仅丧失了喜乐，也使上帝蒙羞。

我在瘫痪的头几年就被这张网俘获。每当我跟好友谢乐尔一起买衣服的时候，网子的捆缚力尤其明显。谢乐尔的衣服总是那么合身。相比之下，我的衣服就像麻袋片似的挂在身上。望着她试穿衣服会使我嫉妒得脸红，不过我从未告诉过她。

"你觉得怎么样，琼妮？"她会穿上我们正在考虑的一套裤装，左扭右扭，从各个角度照镜子，问我的意见。

"好看极了，谢乐尔。"我会尽量用兴奋的口气回答，以掩饰我的嫉妒。可在心里，我妒火中烧。然后，她推着我的轮椅来到镜前，让我试穿同一套衣服。这时我的脑子充斥着这样的念头：上帝，我怎么就不能像她那样？我连塑料模特都比不上，至少它们能站立！

那段时间我刚刚成为基督徒不久，对灵粮的渴望激励我花大量时间研读圣经。一天，我吃到一口颇难下咽的灵粮——初尝觉得难吃，但当我在主里成长起来以后便咂摸出它独特的味道了。这难以下咽的粮食出自《约翰福音》21章，使徒彼得跟我有同样的问题——他的一个朋友似乎比他的人生境遇要好！耶稣告知彼得，在未来的岁月里，他将受逼迫、殉教而死，却对约翰的前途只字未提。

也许是嫉妒在彼得心里作怪。约翰不就是在最后的晚餐中有幸坐在耶稣旁边，似乎跟主格外亲近的那一个吗？耶稣会如何安排约翰的未来呢？彼得心绪难平，按捺不住，便指着约翰问耶稣："他怎么样呢？他将来如何？"

耶稣给出的回答令我震惊。我当然期待他这样回应：

"别担心，彼得。无论如何我都会与你同在。一切都会好的。"可他竟以这样的态度作答："听着，我若要约翰等到我再来的时候，与你何干？你只要保守你的心，敬虔度日就好了。所以不要抱怨，跟从我吧！"

这话初听上去很刺耳。然而经过思考，我渐渐明白耶稣如此严厉是对的。第一，自怜只会放大自己的悲苦，既无益于上帝，也无益于任何人。你想想，假如彼得每次布道之前都先在后台暗自落泪，揣测这次的讲话会不会激怒众人以致自己被杀，那么他所传讲的道能有多大的果效？第二，拿自己的处境与约翰比较，要求上帝给他俩"同等的权利"，彼得等于对上帝为他安排的美善计划提出质疑。这种想法也是有罪的，因为"人非有信，就不能得神的喜悦；因为到神面前来的人，必须信有神，且信他赏赐那寻求他的人。"（来11:6）怀疑上帝的美意，好像在高唱："耶稣恨我我知道，我的不信告诉我。①"

此外，虽然上帝看起来极不公正，让我们背负沉重的十字架，但我们其实并不知道旁人要忍受什么。我只知道自己被摔断的脖颈所折磨，羡慕健康的邻居，全然不知邻居正被破碎的心所折磨。彼得可能不知道晚年的约翰会在一个小岛监狱里煎熬数年，接受《启示录》中的异象。约翰会在牢里眼巴巴地仰望天堂的荣光，仰望上帝宝座周围的殉教者（包

---

① 改自赞美诗《耶稣爱我我知道》中的歌词："耶稣爱我我知道，因有圣经告诉我。"

括彼得！）所得的殊荣，巴不得自己的生命也早早被仁慈地截短了。①

因为我们并不清楚别人受过多少苦，有哪些罪要清除，要在生命中铸就哪种品质，所以我们没有资格说别人应该承受什么试炼——应该承受多少！可是我们虽一无所知，上帝却无所不知，而且"审判全地的主岂不行公义吗？"（创18:25）。上帝在一个人生命中所行的事，明显有别于在另一个人生命中所行的。他会给每个人独特的恩典去背负各自独特的十字架。

我很高兴，谢乐尔至今仍是我的闺中密友之一，我们之间的情谊真挚而深厚。我对她不再有嫉妒，这多亏基督对彼得的一席话。想想看，假如我们每每遇到难以理解的试炼，上帝都允许我们所有的朋友去经受同样的考验，那岂不糟糕？谁会拉我们一把呢？与其嫉妒负担较轻的朋友，不如得益于他们的帮助和情谊，这岂不有意义得多吗？

团契

千万不要在受苦的时候独处。我不是说绝对不可，否则谁都不能独居了。我是说我们一定不要给自己建立一圈围墙，完全拒绝他人进来体察我们的苦难，分担我们的伤痛。上帝决不希望我们独自肩负苦难的重担，他说："两个人总

---

① 这个观点来自Edith Schaeffer的《一种看法》（*A Way of Seeing*）64页。

比一个人好，因为二人劳碌同得美好的果效。若是跌倒，这人可以扶起他的同伴；若是孤身跌倒，没有别人扶起他来，这人就有祸了。"（传4:9-10）

如果你单身或守寡，也许觉得找不到人倾诉苦衷。但你其实有很多家人——主内的弟兄姊妹。这个信徒家庭注定是世间最温暖、最亲密的团契。有已婚的朋友告诉我说，即使已婚之人也不可只依赖配偶。上帝特意在教会里安排了男女老少，各色人等，我们若要满足最深层的需求，就必须与他们广泛交流。假如没有在教会和社区结交的各个年龄的基督徒朋友的分担和关怀，我绝不可能有今天。

有些教会领袖非常可悲，他们觉得自己不能与处于其属灵关怀下的会众分享自己经受的任何试炼。诚然，谁也不能把最隐秘的忧虑透露给所有人，但我们确实需要跟某些人分享心事，有些心事或许应该跟广大会众分享，或者应该比通常分享的要多。那种认为教会领袖应该做中流砥柱，绝不承认自己的痛苦和忧愁的观点并非出自圣经。保罗就以痛苦和软弱坦然自夸，还经常求人代祷。那种从不与大家分享难题的教会领袖无异于教导会众效法自己的榜样！

但是，如果你与朋友的关系不如你希望的那般坦诚呢？那你就该主动去改善。团契通常是建立的，而不是找来的！在我上高中的时候，我的朋友戴安娜在这方面给过我很多的帮助。戴安娜最讨厌坐在那里漫无目的、海阔天空地闲聊。当然，这并不是说她不能披散头发轻松玩乐。远非如此！但是她有一种让别人坦露思想和感情的本事。我猜她的秘诀在于用心听别人说话，并且询问有关他们的问题。她的脸上总是流露出真切的关注——没有游移的目光或心不在焉的神情。

不过，戴安娜做的不止于倾听，还有分享。然而与他人分享你内心的思想、恐惧和忧虑是一件令人惶恐的事，会让自己显得脆弱。爱的本质不就是这样吗？戴安娜以其关爱巧妙地"侵入"所遇之人的世界，让我们懂得什么是真正的团契。她会这样提议："在你们离开之前，咱们大家一起做一分钟祷告好不好？"正在受苦的人急切地需要和其他信徒进行有深度、有意义的交谈。他们和主内的弟兄姊妹在一起的时候，没有必要再忍受那一成不变的陈腐套话——他们已在外面的世界里受够了那一套。

当你受苦的时候，你还可以用一种办法来促进与其他基督徒的亲密分享和接触。你可以为此祷告。下面就是一个很好的例子。

记得有一次，某基督教学院合唱团利用春假在东部几个州巡演，有天晚上来到我们地区的一个教堂献唱。演出结束后，合唱团员被三三两两地分配到教会信徒各家去过夜。两个女孩被分到了埃斯提夫妇家，也就是我的朋友史蒂夫的父母家。

宾主四人围坐在客厅里聊天吃点心的时候，埃斯提夫妇开始以亲切而巧妙的方式将基督引入谈话，询问两个女孩是怎样与主结识的，主在她们的生命里有什么作为。令主人吃惊的是，两个女学生相视而笑，继而高兴地尖叫起来。

"埃斯提先生，埃斯提夫人，"年纪略小一点的那个大声说，"你们不知道，你们问这些问题让我多高兴。"接着她便谈起自己的信主经历。她成为基督徒还不到一年。信主之后，她自然想到了父母，希望他们和她一样同基督建立美好的关系。可他们似乎不感兴趣。有好几周，她曾试图劝父亲跟她去教会，但都不成功，直到一个星期天早晨，父亲终于同意了。

那天的敬拜似乎触动了他的心。友善的人群，感人的布道——一切都很完美。后来在走廊里，父亲说："我得说，今天的敬拜的确很让我感动。也许过不了多久，我真的会接受你的信仰，只是不要催我。"女孩心花怒放，对上帝献上感恩，并且保证自己绝不强迫父亲。

一家人正要上车的时候，一位绅士从停车场另一边走过来，大声招呼她的父亲。这人原来是教会的一位长老，跟她父亲在生意场上有过几面之交。

"嘿，你最近怎么样？"长老笑着问，伸手去跟她的父亲握手，"你能来真是太好了。我看你把妻子和孩子也带来了。"他说着弯下腰，透过车窗朝他们点头。之后他对女孩的父亲说了一些令女孩反感的话。

"嘿，有时间给我打个电话，咱们一块喝几杯怎么样？好，我走了。保重。"他挥挥手，转身离去。

当女孩的父亲坐进车里关上门时，脸上的表情使车里的空气紧张得令人窒息。

"你知道。"他一面把车开出停车场，一面对女儿说，"我以为这个地方的人都是些名副其实的基督徒呢，可是他们跟我没有区别。"从此，他对福音关闭了心门，再没去过教会，也不再跟女儿探讨属灵问题。事实上，父母甚至敌视她的信仰。当她邀请一位朋友来到她家的避暑别墅过复活节的时候，父母竟然客气地把她们赶走了。

"所以我才来这儿参加巡演，而没有跟家里人过复活节。"她最后说，"我其实特别想跟人说说这些事。我在这周借宿的那些人家都很友善，可是我们谈来谈去全是天气。所以今天下午我和朋友做祷告，希望我们今晚被分到一个可以坦诚分享和祷告的地方，让我真正卸下心中的担子。所以当你们把谈话的方向往那里引的时候，我简直太高兴了！"

你瞧，当我们祈求上帝赐给我们团契的机会，当有人主动营造团契的氛围时，发生了什么？与主内的弟兄姊妹分享——这是我所知的回应苦难的一种最佳方式！

～ 第十章 ～

忍耐等候

但哭无妨

当我的第一本书《上帝在哪里》于1976年问世的时候，我没有想到上帝会使用它影响那么多人的生命。结果，我从此被淹没在信海之中，有单纯求购我的画作的订单，有友善的私人信件，也有苦闷的求助信。有的请求是这样的：

亲爱的琼妮：

我有个侄儿刚摔断了脖子，现在瘫痪了。他非常苦恼，一直在问"为什么？！"我想，也许你能送他一本亲笔签名的书。你是否还能给他写几句话，告诉他如何应对？

谢谢！

我十分同情这种人。我们站在所爱之人的床前看着他受苦，却无能为力，这是多么令人沮丧，要是能送上一本有益的书或恰当地说上几句激励的话，心里就好受多了。虽然我同情那些陷入这种困境的人，但不敢保证出自我或任何人的一本书或一封信就是良方。

首先，一个人在遭受巨大变故后往往没有做好立即接受建议和劝解的准备。回想17岁时，我在事发之后的头几个星期里躺在一张史赛克翻身床上，我不敢保证我当时能够接受某个残疾人写的书。事实上，我当时最见不得的就是有人坐着轮椅，满面笑容，一副万事通的样子。

一般来说，一个人若是刚刚失去一条腿，或发现自己已到癌症晚期，或摔断了脖子，他总是先要急切寻找答案。"为什么这事发生在我身上？！"他哭喊道。于是我们赶忙从圣经中找出许多条理由给他解释。可实际情况往往是，当最初问"为什么"的时候，他并不是真的在提问题，而是在发泄情绪，有时甚至是在控诉。他不是带着一颗寻求的心诚恳地问"为什么？"，而是紧攥拳头痛苦地吼出"为什么！"。

要经过一段时间，一个人才能意识到自己再也不能行走，或果真已到癌症晚期，或怎么怎么样。他要有一些时间去哭，去苦闷，去整理情绪，然后才能真正平静下来思考，这时我们的建议和劝解才有帮助。

我想，史蒂夫能在我应对瘫痪的问题上帮这么大的忙，一个原因就是在我出事整整两年以后，我们才结识。那时我已经开始提出问题并听取解答。早些时候，也有人试图给我同样的帮助，可我当时还没准备好。

我之所以不愿给一个刚刚遭遇严重事故或病痛的人立即送上书籍和经文，还有一个原因：我不想让他以为我是在说："别，别！你不要哭。擦干眼泪，听听这些关于苦难的圣经篇章。之后你就再也不会难过了。"我不想给人这样的印象，好像我们要学习圣经对于苦难价值的解说而不要去感受痛苦和悲伤。我从一些书上和一些演讲者口中得到过这样的暗示：如果我们真的对一切心存感激，并在圣经的光照下看待自己的苦难，苦难就根本不像苦难了。可是以那种不切实际的乐天态度对待试炼，在圣经里是找不到依据的。"对一切心存感激"与"对一切感觉甚佳"不是一回事。我们有感受痛苦和悲伤的自由。

让我举个例子。我有个朋友叫珍妮特，她的儿子布拉德利在三岁时得癌症死了。其实，金发碧眼的小可爱布拉德利死前一年半，他的父母就已经知道死亡正在逼近他。当然，他死的时候，他的父母十分悲痛。可是这场磨难的自始至终，他们从未怨恨过上帝。他们继续爱主，侍奉主，确信主关怀他们，并且这么做自有道理。

安葬完布拉德利，大概过了两个星期，珍妮特去教会参加姊妹查经班。下课后，她与另外几位女士一道穿过走廊，这时她突然看见一个小男孩踮着脚站在一小级台阶的顶上，抻着脖子去吸饮水池的水。这一幕顿时激起她的回忆，她想起自己的小布拉德利，以前他就爱大显身手爬上那级小台阶去喝同一个饮水池的水。她开始啜泣。

走在珍妮特身边的是她的一位密友。这位朋友看到这一切，但什么都没说，只是用手臂挽着她，默默地扶持并安慰她。这正是她需要的。

这时，一位并不认识珍妮特的妇女看见她哭，显然想帮忙，就走上前来拍拍她说："我在为你祈祷，亲爱的。赞美主。"

这话像火一般灼人。

后来，珍妮特表达了当时的感受。"我真的要祈求上帝帮助我平息对那个女人的恶感。我知道她只想帮忙。可她说'赞美主'的那种口气让我觉得，要是我信靠主，我就没有任何权利去哭。"停顿片刻后，她若有所思地补充道，"也许她只是不明白信靠主并不排斥哭泣。也许她忘了上帝教导我们说，与哀哭的人要同哭。[①]"

珍妮特说得对。毕竟，耶稣站在朋友拉撒路的墓前时，也曾为死亡的现实而哭泣。尽管我们有一天将复活，但死亡还是极可怕的。这世上的一切苦难都是极可怕的。不要愚蠢地以为基督徒能得益于试炼却感受不到痛苦。当耶稣在朋友墓前抛洒眼泪时，他向我们表明，悲伤是正常的。

上帝没有要求我们压抑泪水。我们就不要互相勉强了。

---

① 参见《罗马书》12章15节。

因为"哭有时……哀恸有时"（传3:4）。

夜里的歌

然而悲恸还不够。当你的身体疼痛难忍、你的心悲伤欲碎、你的头脑茫然无绪、你的灵魂负罪沉重的时候，你需要知道有人，无论是谁，理解你正在经受的。你能够求得这种理解的最佳地方之一就是《诗篇》。这卷书不寻常，因为很多诗篇的写作都源自深深的绝望，也注定要在深深的绝望中被吟诵。

大卫是诗篇的作者之一，了解苦难的滋味。大卫年轻的时候像全民公敌一般被扫罗的大军追杀，命悬一线。在战场上，他失去了最好的朋友约拿单。作王之后，他因奸淫和谋杀而饱受内疚的啃噬。他的一个儿子在婴儿期夭折。在他的余生里，他的家人和国民遭乱伦、背叛、谋杀和战争的折磨。这真是一个苦难深重之人啊！

大卫的诗篇大都没有给出任何用以解答我们难题的答案。很多仅仅是具体而急切的祈求，求神相助。然而当我坐下来阅读这个人（以及其他诗篇作者）的祷告时，我知道我并不孤单。有人理解我的感受，有人体会过我的感受。

读着诗篇，我好像和大卫一同坐在田野间的磐石上守着他的羊群。我听他大发诗人的才情向上帝倾吐心中的痛苦。与此同时，他也倾吐了我的苦衷。的确，那些字句实获我心，正是我的肺腑之言，也让我知道上帝理解我的心意，并已垂听我的呼求。

请听《诗篇》第6篇，大卫在上帝面前诉苦：

> 我因唉哼而困乏，
> 我每夜流泪，把床榻漂起，
> 把褥子湿透。

这岂不是绝佳地描绘了那些伤心之夜，你自己的枕头被眼泪浸湿的情形吗？当他在《诗篇》第38篇里满怀焦虑和罪疚地向上帝呼求时，你岂不生出极大的同感？

> 我几乎跌倒，
> 我的痛苦常在我面前。
> 我要承认我的罪孽，
> 我要因我的罪忧愁……

> 耶和华啊！求你不要撇弃我；
> 我的神啊！求你不要远离我。

我们在一遍一遍地朗读大卫的诗篇时，也越来越体会到他的感情，因为我们看见的是一个与我们经受同样痛苦的人。所以，当他的绝望转化为对上帝已垂听祷告的确信时，他的信心就变成了我们的信心。这时我们就能跟着他说：

> 主啊，我的心愿都在你面前，
>> 我的叹息不向你隐瞒。

痛苦还在，却有微光闪烁，无论多少雨和泪都浇不灭：

> 耶和华啊，我仰望你！
> 主我的神啊，你必应允我！

如果大卫能有那样的盼望，难道我就不能？如果一个犯了奸淫和谋杀的人都能不顾罪行自信地面对上帝，难道我就不能？真是值得欢呼！有时候大卫也真的在欢呼。好比热浪滚滚之际下了一场清凉的阵雨，他转悲为喜，宣告：

> 我曾耐性等候耶和华，
>> 他垂听我的呼求。
> 他从祸坑里、从淤泥中把我拉上来，
>> 使我的脚立在磐石上，
>>> 使我脚步稳当。
>> 他使我口唱新歌，
>> 就是赞美我们神的话。
> 许多人必看见而惧怕，

并要倚靠耶和华。

（诗40:1-3）

见到大卫的生命转变，我们感到自己也有能力和耐性等候主。主也会垂听我们的呼求，使我们的脚立在磐石上，使我们欢乐歌唱。当我们听见这个一度丧志的牧羊人说：

你已将我的哀哭变为跳舞，

将我的麻衣脱去，给我披上喜乐。

（诗30:11）

我们便能相信有一天，我们也会再展笑颜。当他写下：

一宿虽然有哭泣，早晨便必欢呼。

（诗30:5）

我们便开始相信以前绝不会相信的——我们自己的哭号声也终将止息。当我们听见这位曾对不眠之夜的恐惧做过生动表述的诗人写出：

我躺下睡觉，我醒着，

耶和华都保佑我。

（诗3:5）

我们便也觉得终于能睡得安稳了。不知怎的，上帝用那些抚慰人心的诗篇将我们痛苦的泪水变成释放的泪水。正如人在大哭一场（尽情发泄）之后会感觉好些，《诗篇》就是在帮助我们发泄情绪，向上帝表达我们深深的苦楚，并向我们不安的灵魂保证他依然是值得信靠的。

等候上帝

几年前，我和家人在加拿大艾伯塔省乘坐缆车抵达一座冰川覆盖的高山之巅，俯瞰贾斯珀省立公园的荒野保护区，目之所遇是莽莽松林、崎岖山野和碧蓝的湖泊组成的美景。我们缩在羽绒服里瑟瑟发抖，半是出于寒冷半是出于敬畏，还力压狂风的呼啸互相叫喊欢呼。

我惊讶地望见一只翱翔的鹰正在远远地飞越山谷密林，在远方群山的映衬下犹如一个小点。我望着它盘旋和俯冲，羡慕它的优雅和轻盈。

鹰似乎总与伟大结缘——高山、深谷，深不可测、高不可攀。我们总在最惊心、最迷人的自然景观中发现它们。

上帝提到过鹰。在最深入人心的旧约经卷之一，他用鹰的飞翔描述在苦难之中等候他的基督徒前面将要展开的旅程。

> 就是少年人也要疲乏困倦，
>
> 强壮的也必全然跌倒；

但那等候耶和华的，必从新得力。

他们必如鹰展翅上腾，

他们奔跑却不困倦，

行走却不疲乏。

（赛40:30-31）

"等候耶和华"是什么意思？有些人以为是那种出于被迫所做的等候。（比如在医院候诊室里，排在你前面的有10个人，于是你只好翻看杂志打发时间。）但圣经论及等候，指的却是另一种状态，那就是，对上帝满怀信心，确信他深知苦难对我的益处，清楚我对苦难的承受力；对上帝满怀盼望，期待他总有一天会卸下我身上的重担。

人怎么可能不疲乏，不困倦，不跌倒？这些正是受苦之人的特征啊！然而上帝的应许很清楚，那些在苦难中等候他的人，会获得其他人想象不到的力量和耐性。

鉴于我的状况，你也许以为我会疲乏、软弱，厌倦生活。可是我认识上帝，并且满怀信心地盼望他赐给我新身体的那一天，所以我现在就能"如鹰展翅上腾"。我的盼望给了我耐性和力量，如鹰一般，凭借强健的翅膀能够迎着狂扫峡谷的劲风出击。

噢，对了。等候上帝之所以使我有如鹰展翅之感，还有一个原因。我的身体虽然受这辆轮椅的限制，可对上帝应许的未来抱有的切切盼望，给了我冲上喜乐之巅和下探上帝仁慈之渊的自由。

出院一年后，我读到一本介绍盖恩夫人的书，这位法国贵妇在1688年被捕，猜忌的教会官员以异端、巫术和通奸之名诬告她。她被定了罪，结果在监狱里度过了之后的10年。在漫长而孤独的监禁岁月里，她写作了下面这首诗，诗句铿锵有力，表达了她等候上帝赐她力量的信心。

> 我是一只笼中小鸟，远离空旷自由天地；
> 是他将我安置于此，我愿向他歌颂不已；
> 如此被囚我甚欢欣，愿我因此更称你心。

> 禁中我无他事可作，终日尽在独自歌唱；
> 我所使之称心的神，也在倾听我的颂扬；
> 他阻止我展翅高飞，却爱俯首听我歌唱。

> 这笼将我四面禁锢，我再不能任意遨游；
> 我的翅膀虽被困住，我心我灵仍是自由。
> 监牢墙垣不能阻挡，心灵已得释放翱翔。

> 我心超越监牢重门，我灵腾飞何其自在！
> 向着心爱之主腾飞，他的旨意我要顺服；
> 在你坚定旨意之中，我灵才能自由欢腾。

Part 3

第三部分

"医治" 难道是拼图中必不可少的一块?

第十一章

我好想得医治

　　一天下午，我们家里格外清静，还要再过至少一个小时，满载吵闹学生的黄色校车才会把我的外甥女凯伊送到家门口。透过画室的凸窗，我能看见擅长园艺的姐姐杰伊正在园子里精心呵护她的小萝卜和矮南瓜。今天，没有朋友或访客到来。在我们家，这可不寻常，所以我独享清闲，准备趁此大好时光读读书。

　　我就坐在书桌旁，远处的桌角上放着一本书，是我最近一直想看的。那书似乎伸肘可及。我用"肘"这个字，是因为我无法动用双手和十指。我能做的就是把胳膊放到书边，一下下笨拙地把书摆弄到跟前。那场事故之后，我花费了很长时间才学会这一套，所以十分庆幸能使上肘力。我甚至能自己翻开书页并撑住，不让书页自动合上。

可是那天，当我把臂箍支撑的胳膊一寸寸地挪过笔筒伸向书的时候，我发现了一个小小的难题——那本简装小书离着我稍微远了那么一点点。我想：哎哟！看来得使劲抻抻胳膊才行。我能把手腕放到书边上，可是够不着书的后面，没法把它推到我跟前。我忽然想起了迂回策略。表兄艾迪曾给我讲过驾帆船的技巧，他说："当你想要顶风航行的时候，你没法照直前进，所以就得左左右右、来来回回地调整航向，一点点地迂回前进。"他称之为戗风行驶。

我决定采取这个策略。我要先把书往左推到桌边上，再往右推，如此反复，每次都把它稍微移近一点，直到近得足以翻开。残疾人不得不习惯于在小事上大费周章。

可是像这种残障人士通常都可以做到的小事，我却做不到，就不能不令我丧气了。那天，那本小书的位置只比我惯常触及的范围远了一寸半。我能移动它，只是不能往跟前移。"拜托，小书，帮帮忙。"可每一次触碰似乎都将它推得更远。我只有一线希望，就是使劲将胳膊的重量压到书皮上，然后猛地往回一扯。我将手腕放在书上，绷紧虚弱的肌肉，竭尽全力往下压，再迅速往回扯！

可我努力的结果就是把书从桌上弄掉了。"噢不！小书，你掉到离我的左臂不到20厘米远的地方，而我却够不到你。"我向窗外瞥了一眼，杰伊还在外面，绝对听不到我从屋里叫喊的声音。没人帮我把书捡起来。也没有别的我能拿到的书。于是我只得在接下来的一个小时里，气鼓鼓地坐在书桌前，瞪着书架，无所事事地打发时间——我本来可以享受这一点点阅读乐趣的。

每当这种时候，我就渴望康复。请别误会，我并不是一直存有这种念头。可是在像今天这样的日子里，康复的愿望就很迫切了！我把这样的日子称作"愿我的双手回归"日。虽然我已学会安于现状，甚至乐在其中，但是想到有可能回复正常人的生活，我还是非常兴奋。说实话，我觉得任何一位残疾人，无论是不是基督徒，都更愿意强健地站立、行走和奔跑。所以，一旦理顺了与上帝的关系，一旦知道医疗技术对自己的康复无能为力，我自然对圣经中神迹医治的内容产生了强烈兴趣。

我通过各种方式探究——研读经文，阅读书籍，征求朋友的意见，搜罗各位基督教领袖的建议。大家公认的一个事实是：上帝肯定能治愈任何人，无论那人的问题有多严重。

但他们争论的焦点在于，上帝是否愿意治愈所有真心归向他的人。我发现有两种截然相反的立场。站在一个极端的人认为，神迹时代早已过去，今天我们不应该寻求并期待神迹发生；站在另一个极端的人觉得，神迹可以成为每个基督徒日常生活的一部分，病体康复是信徒得到的一项重要福分。在这两种截然相反的立场之间，站满了观点各不相同的基督徒。这样的争论一直持续着，至今也没有结果。我想强调的是，争论双方中都有忠心事奉、潜心研经的基督徒。所以，这不是爱上帝的人与不爱上帝的人之间的争论，不是

"好人"与"坏人"之间的争论，而是基督徒之间的争论。

种种观点摆在面前，我开始进行筛选。首先，对于那些断定上帝如今不再施行神迹医病的人，我不能苟同。本来嘛，谁有资格这么说呢？仅仅因为我没听说有谁被上帝以超凡的方式治愈，就能证明他在我的有生之年里从没行过这样的事吗？上帝凭己意对待他的子民：他赐予一个人轻松舒坦的一生，却赐予另一个在集中营里为他受苦的殊荣；某些人在今生就因信心得赏赐；另一些人的赏赐却在他们死后（希伯来书11:32-39）。我不能把自己的经验当作上帝对待他人的标准模式。若是要我断然声称上帝在我的有生之年里没有超凡地治愈过任何人，那就意味着我必须亲临每一个现场，检验每一桩可疑的医治案例。

再说，又该如何看待那些自称被神奇治愈的基督徒所做的种种见证呢？我就认识这么一位，她是我的朋友，是一位成熟的基督徒，曾罹患严重的骨髓病。各种已知的治疗手段均告失败后，医生给了她一个短暂的生存期限。但她和别人一起求告上帝，当她返回医生那里复查的时候，医生惊讶得目瞪口呆。这位医生并不是基督徒，然而经过一段时期的反复验血之后，他对我的朋友说："我给不出任何自然的或是医学上的解释。你的状况太不可思议了。我只能说这是一个奇迹。"那是15年前的事了，如今她依然很健康。我跟这位女士很熟，确信她不会骗我，她也不至受骗相信一些根本没发生的事。

当然，某些医治见证有可能来自那些仅仅以为自己被治愈的人——也许他们过于情绪化了。有些人甚至为了博得关注而故意扯谎。圣经里有几处（太7:22-23, 24:24；帖2:9）也提到某些奇事甚至是撒但所行。可我并不打算把每个人都划归此类。

我在前面说过，一个人若能断定在他的有生之年里没有发生过任何医治神迹，只有一种可能——他必须无时无处不与病人同在。其实还有另一种可能。假设圣经里有这样的预言，说在某个时间点之后上帝便不再神奇地医治任何人，那么我们就能断定其后的任何所谓医治奇迹不是骗局，就是撒但的阴谋。很多基督徒都觉得这确实就是圣经的教导。于是，他们认定所有医治见证一概不成立，无论其可信度有多高。

我要在此声明，我十分赞同那些在圣经的光照下判断是非的人。可是现代基督徒往往过分注重个人经验，进而把自己的结论当作某种绝对真理，以此为凭解释其他的一切，把个人经验与圣经经文等量齐观。

但这并不意味着我们要完全忽视个人经验。自称体验过神迹医病的人实在太多，将他们的见证一概抹杀是不合适的。有很多见证都出自具有成熟信仰的人——很多还出自医学专业人士。这应当使我们警觉起来，想想自己是否也认为圣经完全摒除了神迹发生在当今的可能性。我们应当反思，搞清楚自己是否正确理解了上帝的话语。

所以至少在目前，我自己不得不排除那种认为上帝如今绝不施行神迹医病的极端立场。在我看来，这并非圣经的教导，也没有经验的支持。

然而还有一种观点认为，医治的事不仅天天发生，而且人人有份，声称凡真心信靠耶稣能医病的，最终都被医治了。如何看待这种观点呢？

在我摔断脖子不久后，我的几位朋友和一些知情人就安慰我，说他们真的觉得我会被医治。时至今日，我已收到不计其数的基督徒来信称他们抱有同样的信念。有的还寄来书籍。很多人不厌其烦地抄录相关经文，以此证明我不仅可以，而且应当被治愈。在此引述几封信的内容：

> "……直截了当地说吧，琼妮，我相信你能康复。我不知道别人是怎么对你说的，也不清楚你有怎样的立场，但是圣经上有很多地方都说医治的事天天发生，而且人人有份，无论他们的身体状况怎么样……"

> "我听说你相信上帝想要你维持现状，可我不能相信。这是因为……（此处引证了大量经文）。琼妮，你也许会说你在瘫痪中能够荣耀上帝，可是当你康复后，对上帝的荣耀要多得多！圣经上说，耶稣治病救人的时候，那些人就在康复之后归荣耀

给上帝。你在全世界都是出了名的，如果你被治愈，你想想，那将是多么奇妙的事？你想想，上帝将得到多大的荣耀！"

"……《约翰福音》10章10节说我们要得丰盛的生命。平心而论，你能说你在瘫痪中得着丰盛的生命了吗？耶稣是来解救世人的。你却被绑缚在轮椅上。你的身体是圣灵的殿。你以为上帝愿让他的殿破损无用吗？……"

"……但愿能看到你的书里新增一章，标题就是《上帝如何治愈我》。"

我不可能将得知的种种理由在此一一列举，阐释为什么凡是信心坚固的基督徒都可指望得到上帝的医治。然而，把我收到的来信、阅读的书籍和参加的讨论所获的林林总总的见解进行归纳，可以总结出较为普遍的几点：

第一，疾病和死亡是魔鬼的作为（路13:16；徒10:38）。因为耶稣来就是为要除灭魔鬼的作为（约壹3:8），所以凡是相信耶稣的都可指望摆脱疾病的困扰。

第二，耶稣在世时曾治病救人。圣经告诉我们上帝永不改变，如《希伯来书》13章8节写道："耶稣基督昨日今日一直到永远，是一样的。"因此，上帝如今必定像千年前一样，依然在行治病救人之事。

第三，圣经向我们应许，无论我们奉耶稣的名求什么，耶稣必成就（约14:12-14；可11:22；约壹3:22）。这些承诺似乎应该包括对医治的祈求。

第四，圣经中多个章节明确指出信徒的健康必得保障，疾病必得医治。最广为人知的是《以赛亚书》53章5节："因他受的鞭伤我们得医治。"《诗篇》103篇1-3节说道："我的心哪！你要称颂耶和华……他医治你的一切疾病。"（还可参看《彼得前书》2章24节和《雅各书》5章15节。）

他们与我分享的这些见解似乎颇有道理。我想：对于自己该何去何从，也许我已经有了答案。深思熟虑之后，我坚信自己必得医治。

第十二章

我为何不得医治?

1972年初夏，一个雨天的午后，15个人聚集在离我家不远的一个橡木小教堂里。这群人里有我的好友、家人和教会领袖，包括几位长老和按立的牧师。他们都是我请来为我祈求医治的。仪式很简单。一开始，大家轮流朗读圣经经文。有人读新约章节:

> 我们若照他的旨意求什么，他就听我们，这是我们向他所存坦然无惧的心。既然知道他听我们一切所求的，就知道我们所求于他的，无不得着。
>
> (约壹5:14-15)

有人读旧约章节:

> 但那等候耶和华的，必从新得力。他们必如鹰展翅上腾，他们奔跑却不困倦，行走却不疲乏。（赛40:31）

有人读关于医治的应许：

> 你们中间有病了的呢，他就该请教会的长老来，他们可以奉主的名用油抹他，为他祷告。出于信心的祈祷要救那病人，主必叫他起来；他若犯了罪，也必蒙赦免。（雅5:14-15）

有人读病人被治愈的经历：

> ……就对瘫子说："我吩咐你起来，拿你的褥子回家去吧！"那人就起来，立刻拿着褥子，当众人面前出去了，以致众人都惊奇，归荣耀与神说："我们从来没有见过这样的事！"（可2:11-12）

读经过后，他们用橄榄油抹了我的头。接着，便开始了一场坦诚、热烈、信心十足的祷告，为我祈求医治。我们求告上帝通过让我恢复行走来彰显自己的荣耀，并相信他会这么做。

简短的祷告会结束时，雨已经停了。众人出了教堂前门，一道美丽的彩虹映入眼帘，朦胧的远方沐浴着金色的阳光，光彩熠熠。我不敢说这一幕深深打动了在场的每一个人，但至少让我更加确信上帝就在天上俯视我们，并且已听见我们的祷告。

我离开教堂停车场时的心境与我刚来的时候一模一样——满心期待上帝把我治愈。"感谢上帝。"随着汽车的驶出，我默默祈祷，赞美上帝，因为我确信他已经动工了。

一周过去了……两周过去了……三周过去了。我的身体依然没有任何被医治的迹象。"动起来！"我的大脑下令，可手指和脚趾依然毫无反应。"可能得循序渐进吧，"我思来想去，"也许这是一个缓慢而平稳的医治过程。"我继续等待。结果三个星期变成一个月，一个月又变成两个月。

我的心哪！你要称颂耶和华；凡在我里面的，也要称颂他的圣名。

《诗篇》103篇

你能猜到我的脑中冒出了怎样的问题。我问自己：我有罪吗？当然，每一位基督徒的生命中都仍有罪的存在，没有人是无罪的。可我没有做过故意违背上帝的事。我活在与上帝的亲密相交中，勤于省察自己，每日向上帝忏悔我的罪行和过犯，并得到宽恕的确据。

我们的做法对吗？我的朋友贝琪打消了我在这个问题上的疑虑。

"当然没错，琼妮。"她解释道，"咱们又不是什么离经叛道的人，要脱离教会领袖的权威干什么见不得人的事。主持祷告会的都是按立的牧师和长老。"

"我想你是对的。"我点头同意，"咱们的做法完全符合《雅各书》第5章和其他章节的教导。"

可是接下去，我脑中冒出了那个最难回答的问题，这些年来我遇到过许许多多祷告无效、未被治愈的人，他们心中都有这样的疑虑：我有足够的信心吗？

这个问题带来的是一阵强烈的罪恶感，使得那种绝望的念头层出不穷：上帝没有治愈我，因为我有过错。我一定是信心不够坚固。我们从以下这张图不难看出这种想法是如何引发恶性循环的：

图中文字，从最上方顺时针依次是：我需要信心来康复→我满怀信心
地祈祷→我的祷告没有回应→这削弱了我的信心，然而……

　　一位患有某种身体疾病的基督徒问他的朋友："如果我
求告上帝，你认为上帝会治好我吗？"

　　"当然会。"朋友言之凿凿，"但你绝不能有疑虑。最
细微的一丝疑虑都会妨碍你得到医治。"

　　于是，鉴于"信道是从听道来的，听道是从基督的话来
的"，这位病人便在圣经上下工夫，阅读有关上帝的伟大权
能和奇妙应许的内容，以便增强自己的信心。最后，他觉得
可以去求告了。他独自一人求告，和教会长老一道求告，在

康复祷告会上求告，无时无处不求告，可他没有康复。

"怎么回事？出什么岔子了？"他不解。但这时总会有人告诉他："问题不在上帝，上帝是随时准备垂听的，要怪只能怪你。你大概并没有真满怀信心，自始至终地信靠上帝。"但那可怜人知道自己在康复祷告中对上帝的信心比平生任何时候都更强。

结果会怎样呢？由于没有康复，他自然开始疑惑上帝是否真的打算医治他。他的信心减退了。可他再一次听到，为得医治，他所需的正是更多的信心。一次次没有回应的祷告让他越来越疑虑，康复的机会越来越渺茫！结果定成败局。

可是仔细回想，我确认自己初入那间小教堂开始祷告会时满怀信心，相信上帝会治愈我。我甚至在前一周还出其不意地打电话关照几个朋友说："等着瞧吧，我很快就会站在你家门口的。我就要康复了。"

不对，信心不足并不是问题所在。一定另有缘故。

接下来的好几年里，我总是坐在轮椅上思索这个问题："我为什么不得医治？"那时我读了很多书，跟很多人交谈，并且虔诚地研读经文。我仍然没得到关于医治的全部答案，但我确实得到了一些出自圣经的、给予我巨大帮助的答案。稍后，我将与你分享我在寻求答案之后得出的结论，并说明是什么引出了那些结论。

首先，我要给你一些忠告。通常，我们对这类事情的发问并不是一两句话就能回答的，而我们却往往没有耐心听完那些解答。以前，我自己时常抱有这种态度："别给我剖析什么神学概念。赶紧回答我的问题。"结果，由于我拒绝花费时间和精力来倾听，也不去认真思索答案，便浅尝辄止，以为答案并不存在。

寻求答案的时候，我们很容易以一种随意而肤浅的方式看待圣经。我们抱着懒散的心态徜徉于圣经篇章，断章取义，误解比喻，而使徒保罗告诫我们要"按着正意分解真理的道"（提后2:15）。这说明，不按着正意分解是有可能的。在《彼得后书》3章15-16节中，彼得警告我们不要曲解经文，提醒我们圣经中有些内容是难明白的。我们应该恭敬对待上帝的话，刻苦研读，发掘正意。在研讨神迹医病这类极具争议又激动人心的问题时，我们尤其要谨慎。

记住这一点，再来看我得出的有关神迹医治的结论：上帝肯定能以神奇的方式医治病人，这种事在当今确实时有发生。然而圣经并没有教导说，他总是会治愈那些诚心归向他的人。他保留了视情况而治或不治的至高权力。

为明了我是如何得出此番结论的，请你先问自己这个问题："疾病究竟是什么？"[①]我不是问"疾病的医学定义是什么"，也不是问"造成疾病的身体原因是什么"，我问的是："疾病在神学上的意义是什么？人为什么会生病？生病的目的是什么？"对这些问题的解答将有助于阐释医治的问

---

① 作者注：我将在以下几章里一直用"疾病"这个词来指代各种身体问题和缺陷，包括：疾病、畸形、残障、截肢、伤痛，等等。

题。为寻求答案，我们要一直追溯到始祖在伊甸园的时期。

起初，上帝创造宇宙，并把地赐给人，指派人做他的"助手"治理这地（创1:26）。亚当和夏娃在上帝的授权之下进行管理。那时没有罪，因而没有罪带来的恶果。污染是不存在的，大自然是助人而非毁人的。没有飓风、洪水、海啸和火山喷发威胁人类的生存。人不知死亡与疾病，也不担心自己会触碰伊甸园中那棵不该触碰的果树。那时，地上对人类和自然界而言，都是真正的乐园。

然而没过多久，地上便不再是乐园。因骄傲背叛上帝的撒但，在他的魔鬼军团的拥护下，建立起一个同上帝相抗衡的王国。地球变成了他的大本营。人类受诱惑而犯罪，偷尝禁果，致使地受诅咒。《罗马书》8章20-23节表明，不单是人类，就连自然界本身也要一同叹息、劳苦，逃不出变化与败坏的无限循环。在这之前，很可能所有动物都是吃植物为生的。现在它们却相互残杀，暴力催生出弱肉强食的丛林法则。

不仅如此，大自然对人类也变得残暴起来。人与自然原本互利合作，现在起了冲突。大地原本盛产果实而无需人费辛劳，现在却变得杂草丛生！野兽伺机吃人，旱涝灾害威胁人类生存。

人自己开始体验由罪引发的灵与肉的苦难。违背上帝之后，亚当和夏娃立刻萌生罪恶感，因为他们确实有罪，而且二人之间肯定爆发了人类历史上第一次夫妻争吵——

亚当责怪夏娃使他犯罪。孤独、沮丧、悲伤以及人类面临的所有心理问题都源自这里。妒忌和谋杀不久便出现。此后的所有人一出生都带有罪恶的本性，与上帝隔绝，在灵里是死的。

正如荆棘和杂草侵害大地，疾病和软弱侵害着人的身体。我们在读《创世记》时发现，人的寿命变得越来越短。人不再像最初几代那样动辄活上数百年，各种疾病在世间滋生，畸形儿和智障儿屡见不鲜，最糟糕的是，死亡成为所有生命过程的终结。植物会死，动物会死，人也会死。

是的，罪自有其不寻常的后果。撒但变成了地球的主宰，变成了"这世界的神"（林后4:4）、"空中掌权者的首领"（弗2:2）、"这世界的王"（约12:31）。

"圣经是怎样看待疾病的？"现在我们有了这个问题的答案：疾病只是人犯罪的诸多恶果之一，与死亡、悲伤、罪咎和自然灾害无异①。疾病源于人类自身的罪，是来自上帝的诅咒。

这带来死亡和疾病的诅咒又是怎么回事？难道上帝离弃

---

① 我们把疾病称作罪的一种恶果，并不是说每当有人生病或残疾，都是由这个人生命中某种具体的罪行造成的。耶稣的门徒就曾有过这样的误解。有一次，他们看见一个人生来是瞎眼的，就问耶稣："拉比，这人生来是瞎眼的，是谁犯了罪？是这人呢？是他父母？"耶稣纠正他们的误解，回答说："也不是这人犯了罪，也不是他父母犯了罪，是要在他身上显出神的作为来。"（约9:1-3）说完就治愈了这人。然而耶稣并不是说这人和他父母是完全无罪的。他只是在说这人的瞎眼不是某种罪行的直接结果，而是人类由于罪必须集体承担的来自上帝的诅咒的一部分。

了这个世界，任由它陷入绝境吗？不！早在《创世记》中，他就许诺有朝一日，一位救主会来除掉罪及罪的恶果。旧约预言了这位救主的到来，随着书页的展开，这位即将到来的弥赛亚的形象变得愈加清晰。

首先，旧约明确指出，弥赛亚将除掉罪。除罪的途径有二，一是赦免上帝子民的罪，一是剪除拒绝顺服上帝的人。

其次，旧约明确指出，弥赛亚将除掉罪的恶果。拿《以赛亚书》为例，书中描写了大自然的恢复过程："在旷野必有水发出；在沙漠必有河涌流。发光的沙要变为水池，干渴之地要变为泉源。"（赛35:6-7）地球的面貌和动物的行为都将有所改观。"豺狼必与羊羔同食，狮子必吃草与牛一样，尘土必作蛇的食物……这一切都不伤人、不害物。"（赛65:25）古代的先知预见人类的忧愁苦恼将不复存在："耶和华救赎的民……必得着欢喜快乐，忧愁叹息尽都逃避。"（赛35:10）至于疾病，"那时瞎子的眼必睁开，聋子的耳必开通；那时瘸子必跳跃像鹿，哑巴的舌头必能歌唱"（赛35:5-6）。

有了这些应许，企盼弥赛亚到来的情绪在耶稣时代达到了狂热的程度。

然而，在读过旧约先知书的人中，存在两个误区。首先，很多人没有意识到，这些好事不单要降临到以色列，而且要遍布世界。其次，很多人（也许是大部分人）以为弥赛亚一来就会完成他要成就的一切。他们不明白，他们的王初来时会以卑微仆人的面貌出现，再来时才会显现他的无上荣光。他们认为神的国即将到来，这确是不争的事实，可他们错就错在以为神的国一下子就会到来。

福音书的开头部分说，有一位被称作施洗约翰的人出现在犹太的旷野中。他在约但河边告诉众人说，他们要悔改，因为"神的国近了"（太3:2）[1]。可是耶稣到来以后，却宣称神的国已经降临。[2]有一次，在解救了一个被鬼附着的人之后，耶稣说："我若靠着神的灵赶鬼，这就是神的国临到你们了。"（太12:28；路11:20）还有一次，几个法利赛人问耶稣："神的国几时来到？"耶稣的回答令人吃惊："神的国来到，不是眼所能见的。人也不得说，'看哪！在这里'，'看哪！在那里'；因为神的国就在你们中间。"

---

[1] 唯独《马太福音》使用"天国"的说法，而其他福音书皆称"神的国"。虽然很多基督徒将二者区别看待，但我们相信这两种说法是可互换的，所指相同。比较一下《马太福音》和其他福音书的相关章节将证实这个观点。试比较《马太福音》4章17节与《马可福音》1章15节，《马太福音》13章11节与《马可福音》4章11节和《路加福音》8章10节。

《马太福音》的目标读者是犹太人，他们唯恐误用而不敢妄称神的名，所以常常以"天"或其他字眼指代"上帝"。例如，《路加福音》15章21节："父亲，我得罪了天，又得罪了你。"（亦见太21:25。可14:61则以"那当称颂者"指称上帝。）所以，"天国"只是犹太人的说法，而"神的国"是希腊说法。

[2] 另有几处提到神的国时，是以部分现在时，或在某种程度上的现在时来表述的（参见：西1:13；罗14:17；林前4:20；太13:44-46；可12:34；太12:28；路17:20-21）。

你若对神国的概念感兴趣，愿意进一步探究，参见：George Ladd的《未来的存在》45-119页、《关于神国的关键问题》、《神国的福音》；Herman Ridderbos的《神国的到来》。在此，我们的主要目的不是引发关于末世论的某种争论。我们在此只是想要说明，上帝尚未完全成就他在除掉一切罪和罪的恶果上所做的事。（所有信奉末世论的基督徒都会同意这种观点。）在我们看来，使用神国的概念仅仅是一种最简便又最清楚的表述方法。

（路17:20-21）^①

你瞧，这些法利赛人以为神的国会一下子显出来（路19:11），以为届时上帝将消灭他的仇敌，在耶路撒冷建立统治，景象壮观如同烟花绽放。可是他们没有意识到，君王自己此时就站在他们中间，因此从某种意义上说，神的国已经开始了。虽然仍须等到将来才能完全成就^②，但神的国已经随着基督的到来开始了。这就是为什么《马太福音》4章23节里把耶稣传的信息称为"天国的福音"。耶稣此来是要挑战撒但在地上的权柄，建立自己的国度，收回理当属于他的。耶稣此来是要逆转人犯罪堕落招致的诅咒。耶稣此来是要除掉罪和罪的恶果。

耶稣在十字架上付清罪的赎价，与人的罪行和恶意针锋相对地斗争，他通过这样的方式除掉人的罪。

那么他又通过什么方式除掉罪的恶果呢？面对罪人，他赦免其罪；发现疾病，他医治患者；遇到被鬼附的，他大声呵斥驱赶邪灵。遭到暴风侵袭，他斥责风，向海说："住了吧！静了吧！"惊恐的门徒看到船只和自己的性命保住了，都松了一口气，讶异道："连风和海也听从他了。"耶稣不仅证明他能帮助我们安然渡过"生命的风暴"，也展示出他的大能，逆转罪对于自然的影响，这表明他正在收回地上的统治。他仿佛在说："你们这些海浪难道不知我才是这里

---

① 这句话也可译为"神的国就在你们心里"，但既然耶稣是在对不信他的人讲话，某些版本因而更愿使用同样可接受的表述法："神的国就在你们中间"。
② 参见：太6:10, 25:31-34；可14:25；加5:21；帖后1:5；启11:15。

的王？撒但统治这个星球太久了，致使你们对人施虐，而我来此，就是要终结这一切。"耶稣就是这样，通过逆转其影响，来除掉罪的恶果。

是的，在除掉罪与罪的恶果的同时，基督的国也开始了——在此要特别强调"开始"这个词，因为它对于医治的问题至关重要。耶稣虽然启动了这个过程，但他并没有就此完成。《使徒行传》1章1节及《路加福音》所述耶稣生平时，说的是"耶稣开头一切所行所教训的"。

耶稣确实从人群中赶走了魔鬼，但他并没有彻底清除魔鬼的掌控。耶稣返回天上之后依然有人被鬼附着。

耶稣确实治愈了病患。可你想想耶稣从未遇见、从未医治的人，在他本国尚且有那么多，更何况世界其他地方，而那些被他治愈的人后来也衰老死去了。

耶稣平息暴风，施展大能，逆转了罪在自然界的恶果。但这意味着一切自然灾难永被清除了吗？绝对不是。

耶稣让死人复活，令人称奇。但是有很多虔敬的信徒，耶稣并没有让他们复活。即便是那些复活的人，后来也必定再度面对死亡。

耶稣赦免了人的罪，使他们在上帝眼中看为义。可耶稣使他们在有生之年脱离了罪恶，解除了罪性吗？没有。因此，耶稣的意图并不是当下就给神国砌筑最后一块砖。如果他那么做了，世间大多数人就不可能有机会聆听福音。他的计划是开始他的国，是奠定基础。并向人预示末后的日子，当神的国完全成就时会有怎样的情景。

使徒书信的作者强调，我们这些基督徒同时生活在两个世代。尽管已稍稍瞥见永恒国度的权能，可我们仍在现世经受试炼、诱惑和苦难。上帝是当今的主宰，可他并不总是"耀武扬威"。他没有彻底消灭罪和罪的恶果，而仅仅给了基督徒凭据，应许他们将来能够进入他的国度。

举例来说，我们在回天家时将变得完全公义和圣洁，而在当下，我们虽仍是罪人，但上帝已给我们"所应许的圣灵为印记。这圣灵是我们得基业的凭据"（弗1:13-14）。圣灵如何帮助我们在此生爱上帝、愿行义，预示着他如何在未来使我们完全成圣、蒙上帝悦纳。就像母亲在开饭前给孩子尝一口饭菜，耶稣凭借神迹、圣灵凭借在我们里面做的工，使我们得以一窥天国的面貌。然而在当下，我们"外体虽然毁坏，内心却一天新似一天"（林后4:16）。尽管我们有朝一日将完全改变，但现在仍要"在这帐棚里（指身体）叹息劳苦"（林后5:2-4）。

你现在明白我为什么对罪、罪的恶果和神的国这些神学概念层层剖析、长篇大论了吧？疾病只是罪的诸多恶果之一，除非神的国彻底取代旧的世界，否则不可能完全除掉。耶稣行过包括医治在内的各种神迹，但这并不能保证为跟从他的人除掉任何罪的恶果。

有时，上帝出于怜悯，会彰显神迹医治我们，作为即将上映佳片的"内部预映"，让我们一窥将来的美好前景。我认为上帝有时会这么做。但是，鉴于神的国尚未完全到来，我们不要指望任何疾病都自动得到医治。罪有很多恶果，我们有什么理由擅自挑出其中的一种——疾病，单单把它当作今日基督徒不该承受的呢？我们活在"现今的世代"，对于世间苦难，新约早就告诉我们：要多多忍耐！

耶稣想把最好的给予他的子民吗？一定想。但这并不意味着基督徒一生会安逸舒适。所以，当褥疮折磨我如同毒疮折磨约伯的时候，我必跟着他说："难道我们从神手里得福，不也受祸吗？"（伯2:10）当我觉得自己被轮椅绑缚如同保罗被铁链捆锁时，我会跟着他说："因为你们蒙恩，不但得以信服基督，并要为他受苦。"（腓1:29）我会记住他的话：

> 不但如此，就是我们这有圣灵初结果子的，也是自己心里叹息，等候……我们的身体得赎。我们得救是在乎盼望；只是所见的盼望不是盼望，谁还盼望他所见的呢？但我们若盼望那所不见的，就必忍耐等候。（罗8:23-25）

∽ 第十三章 ∾

撒但拆毁，上帝救赎

上一章做的铺垫可真多，是不是？我料定某些读者这会儿正在寻思："可是你怎么看待在第十一章里提到的那四点呢？"

我没有忘记那四点。但我确实想先笼统地探讨一下医治的问题。勾勒出大背景之后，咱们这就来具体分析十一章结尾概括的有关医治的种种见解。

第一，有人认为既然撒但引发了疾病，而耶稣是来除灭撒但作为的，因此只要我们虔诚祈求，耶稣必定会医治疾病。如何看待这种见解？

我认为如此推理表明他们没有理解圣经在一个重要问题上的教导，即在引发疾病（以及一切灾难）上，上帝和撒但之间到底是怎样的关系。我们要抓住的首要原则是，虽然撒但常常引发疾病，但他只能做上帝允许的事。

我认为，我们在信心不够坚固的时刻，看到的往往是这样一个场景：上帝和撒但在掰手腕。他们的腕子先往这边倒，后往那边倒；此时上帝的手臂压在上，彼时撒但占上风。上帝终将获胜（我们提醒自己），因为他略微强壮一点，能坚持更久。但这将是一个耗时耗力、险象环生的过程。我们觉得好像是撒但阴谋破坏了上帝的计划，制造了许多上帝不希望发生的麻烦，弄得他措手不及。

这种想法何其愚蠢。其实，上帝的权能远远超过撒但。《约翰一书》4章4节告诉我们："那在你们里面的（上帝），比那在世界上的（撒但）更大。"本来嘛，撒但的存在就是上帝所赐！他必须得到上帝的允许才能加害约伯，甚至还要受一定限制。他所掌控的魔鬼畏惧耶稣，服从耶稣的命令。圣经明确指出，我们的王准备好以后，就将彻底摧毁那恶魔。①

不，撒但不可能趁上帝恰巧转过脸去听圣徒祷告的时候偷偷溜出来引发肺炎和癌症。他只能做全知全能的上帝允许他做的事。我们有上帝的保证，他所允许的事没有对我们无益或苦得叫我们受不住的（罗8:28；林前10:13）。

然而在说上帝"允许"撒但去做他所做的事时，我们有时会产生误解。不要想象成撒但扭着上帝的手臂，上帝迟疑

---

① 参见：约14:30，12:31；太28:18；西2:15；来2:14；约壹4:4；但4:35；赛40:25；约1:3，伯1:12，2:6；可1:24，5:7，1:27；罗16:20；启20:1-3，10。

着应允："好吧，我觉得你可以做这个和这个……但是仅此一回，别太过分了！"也不要想象成上帝一旦应允，便拿着工具包紧张兮兮地跟在撒但后面，一边忙着修补被魔鬼毁坏的，一边喃喃自语："我怎么把这个搞定呢？"更要不得的是，以为一个基督徒生了病就错失了"上帝赐予的最好的"，以为上帝这时要被迫实施某个神圣的"B计划"。

不，上帝非但不会被撒但的阴谋挫败和阻碍，实际上是利用撒但的作为来实现他自己的意愿，成就他自己的旨意。

以耶稣被钉十字架为例。撒但显然在策动整件事上起着主要作用。他进入加略人犹大的心，唆使他背叛耶稣（约13:2、26-27）；鼓动恶在犹太暴民心里做工，煽动他们拥上耶路撒冷街头大喊治死耶稣；让傲慢和恐惧促使彼拉多主持假正义，为取悦众人给无罪之人定罪；使残忍的兵丁增加这位无辜囚徒的痛楚，在他生命的最后几小时里折磨并戏弄他。

可是早期基督徒是如何从上帝的角度看待这一切的呢？他们称颂上帝，因为对基督之死负有责任的人只是完成了"你（上帝）手和你意旨所预定必有的事"（徒4:28）。在最大胆地挫败上帝计划的企图中，撒但自取灭亡，成全了上帝为拯救人类提供的最后保障。世间最恶的一次谋杀变成了世间仅有的一次救赎，罪和撒但也因此受到致命打击。

现在假设天父上帝采纳了很多现代基督徒所持的观点，例如，他认为：撒但所希望的一定是对上帝的子民有害的。他的言下之意是：如果撒但希望某件事发生，上帝一定希望恰恰相反的情况出现。那么结果会怎样呢？上帝就会阻止犹大背叛耶稣，阻止罗马人钉他十字架。简言之，他就会取消钉十字架！假如上帝取消了钉十字架，结果会怎样呢？我们将无一得救！

事情的真相是，撒但和上帝也许恰恰希望同一件事发生，只是动机各异。撒但促成耶稣被钉十字架是出于背叛；上帝则是出于爱和仁慈。撒但是促成此事的次要原因，而在根本上希望它发生，定意让它发生，并允许撒但实现它的则是上帝。对于疾病，也是这个道理。

我能想象某些人的反应："不对，琼妮，我们怎么能说上帝是疾病的幕后推手，怎么能说上帝希望疾病存在呢？圣经告诉我们，耶稣医治疾病，这显然证明上帝不希望它存在。"

那就让上帝亲自作答，他对摩西说："谁造人的口呢？谁使人口哑、耳聋、目明、眼瞎呢？岂不是我耶和华吗？"（出4:11）再听先知耶利米说："祸福不都出于至高者的口吗？"（哀3:38）上帝借以赛亚之口说："我造光，又造暗；我施平安，又降灾祸；造作这一切的是我耶和华。"（赛45:7）

这就说明上帝希望疾病存在吗？我想，关键在于我们怎样理解"希望"这个词。上帝并不是在喜欢疾病这个意义上希望它存在。他恨恶疾病正如恨恶死亡、罪咎、悲哀等罪的其他恶果一样。但为了某些目的，上帝可能"定意"或"宁愿"让疾病存在，只有在这个意义上，才可以说上帝"希望"它存在，若非如此，他会立即将它消灭干净。

假设你是一名法官，一个在抢劫商店时被抓的男孩被带到你面前，再假设这个男孩的父亲是你最好的朋友。你会乐意给这个男孩应得的处罚吗？不会，你会于心不忍。可你依然会处罚他，因为这么做是合情合理的。

所以，上帝让疾病存在的原因很多，其中之一就是为磨炼基督徒的性情。通过这种方式，上帝利用一种形式的恶（疾病）来帮助铲除另一种形式的恶（个人的罪）。还有其他原因，本书前面提到的适于其他试炼的益处也适于疾病。不过，最令人欣慰的也许是上一章提到的那个原因——上帝延迟终结罪与罪的恶果，是为让更多的世人有机会聆听福音。因为如果上帝今天就除掉一切疾病，他也必定会除掉疾病的起因——罪，这将意味着一切罪人的毁灭。上帝正是因为仁慈，所以才推迟了对罪的审判。

某些人可能提出另一个异议（这异议跟撒但有关），来反驳我对上帝和疾病之间关系的看法。难道上帝真的准许撒但散布疾病吗？"既然撒但所做的一切都源于悖逆，"某些人辩驳，"那么上帝允许撒但犯罪行恶、制造疾病，他不就成罪人了吗？"

这种说法的确让人很难反驳。对于上帝与撒但的关系，我当然不是无所不晓。但圣经确实清楚指明了两点：一方面，上帝全权控制撒但的行为；另一方面，上帝绝非罪人也绝非罪的始作俑者！①

当圣经向我们呈现这样两条看似相互矛盾的真理时，我们要如何对待呢？怎样才能使二者相合呢？简单的方式是否定其中的一方面。（这样一来通常意味着否定上帝的至高权威。）但这是错的。我们首先应该确定，两条真理确实都是圣经的教导。一旦确定，我们就必须谦卑地使自己的理智服从上帝话语的权威，凭信心同时接受它们。上帝告诉我们什么，我们就相信什么，即使他所说的以我们有限的思维看来是自相矛盾的。

最能说明这个问题的例子就是三位一体论。圣经明确交代只有一个上帝，却也明确指出圣父、圣子、圣灵都是上帝，尽管他们是三个独立的位格。虽然人的理智无法将二者融会贯通，但真正的基督徒都不否认这些真理。既然如此，我们为什么要将有关上帝的无罪本性和他对撒但的全权掌控的圣经真理区别看待呢？

撒但作为这世界的王，得到了制造灾祸的能力。他这么做是因为他将下地狱，要拉垫背的。他散布疾病和苦难，因为他恨人类也恨上帝，而上帝却利用撒但的邪恶意图来为

---

① "你眼目清洁不看邪僻，不看奸恶。"（哈1:13）"因为神不能被恶试探，他也不试探人。"（雅1:13）"上帝是恶的始作俑者的创造者，但他不可能是罪本身的创造者，因为罪是背叛上帝的结果。上帝怎么能够背叛他自己呢？"（E.J.Carnell《基督教护教学入门》302页）。

"一切恶不是罪就是对罪的惩罚。"（Carnell，2页）我们可以说上帝创造了对罪的惩罚（灾难、地狱等），但圣经不会允许我们称他为罪本身的创造者，尽管他的计划容许罪产生出来。虽然无法理解这点，我们还是不能把上帝和罪联系在一起。

自己效力，恰恰再次证明他有能力"随己意行作万事"（弗1:11）。

撒但图谋让一场雨毁掉教会野餐，使人们诅咒他们的主；上帝却用这场雨来培养他们的耐心。撒但图谋安排一位得力的传教士远行并摔断腿，从而阻碍上帝的工作；上帝却允许意外发生，这样传教士对病痛和不便的忍耐就会给上帝带来荣耀。撒但酝酿一场飓风，使印度的一个小村子死亡数千人，他得以享受人类苦难和毁灭之乐；上帝却利用风暴施展他那令人敬畏的大能，向人们展示罪带给这个世界的可怕后果，驱使某些人去寻求他，也使另一些人在罪中刚硬。同时，他提醒我们他可随己意行事，让我们知道我们永远都参不透他。撒但图谋让一个叫琼妮的17岁女孩摔断脖子，以期毁掉她的生活；上帝却回应了这位残疾女孩的祷告，召唤她更亲密地与他同行，用她的轮椅作平台展示他那恒久的恩典。

一位朋友曾说："上帝赐予的却常由撒但带来。"赞美上帝，当撒但使我们生病或遭灾的时候，我们可以用约瑟回应卖他为奴的哥哥们的话来回答他："从前你们的意思是要害我，但神的意思原是好的。"（创50:20）

撒但与疾病的关系就讨论到这里。接下来讨论人们来信向我提出的有关神迹医病的第二个要点，即：因为耶稣基督"昨日今日，一直到永远，是一样的"，又因为福音书里记载他治愈了所有满怀信心来找他的病人，那么他今天不当行同样的事吗？我们在橡木小教堂举行康复祷告会后的某一天，有人提出了这个问题。

那是一个寒冬的傍晚，史蒂夫和我坐在壁炉旁。我的几位家人正在厨房里穿戴暖和准备出门，外面飘着雪。当我呆望着正在裹围巾穿大衣的姐姐们时，史蒂夫捕捉到了我脸上怅然若失的神情。

"你特想跟她们一块出去，对不对？"他说。

我吃了一惊，答道："哦，不，我才不……"可我顿了一下，接着道，"嗯，是呀，要是能站起来就好了。你知道，史蒂夫，从教堂的那次康复祷告会算起来，已经有一年多了。"

史蒂夫察觉出我有意讨论严肃的话题，便将坐椅拉近些。

我问他："你知不知道圣经里哪个地方说耶稣拒绝了某个想得到医治的人？"

他皱着眉头沉思片刻，摇摇头说："不，我一处都想不出。"

"福音书中说耶稣治愈了那些被带到他跟前的人。你相信圣经的话了，是吧？"

"噢，那当然。"他答道，并伸手到桌上拿他的圣经。

"圣经上说耶稣基督'昨日今日，一直到永远，是一样的'，对不对？"

"千真万确。"

"还说上帝永不改变，对吧？"

"对。"

"如果耶稣医治了所有满怀信心来找他的人，如果他永不改变，那么现在，他岂不也一定会医治所有满怀信心来找他的人？"

史蒂夫起身，慢慢地绕着桌子踱起步。他深吸一口气，停下来定定神，然后字斟句酌地回答："琼妮，你的推理听起来无懈可击。耶稣从前确实医治了那些来求他的人，而且他从不改变，但我不认为可以就此推断他现在一定行同样的事。"

见我一脸的问号，他开始解释："我想那种推理方法的根本错误源于把上帝是谁与上帝做什么混为一谈。上帝是谁是永不改变的，可他做什么是常会改变的。"

史蒂夫继续解释，上帝的品格和特质是他不可改变的属性。比如，他绝不可能变得比现在更神圣、更慈爱，或更信实，也不可能在任何一点上有所减弱。这是因为上帝的各种品质已经达到完美，任何改变都意味着趋于不完美。

他走到壁炉前，往火里添了一根木头，待我仔细消化理解。"有了，我来打个比方吧。就好比一个人站在北极点上。"他一边说，一边以典型的史蒂夫方式打着手势，"你站在北极点，就是站在你能去的最北的地方。往任何方向迈步，都是往南移动。"

我问："你的意思是，假如上帝改变，他就不再是上帝了？"

"千真万确。"他一拍身子，肯定地说，"当你到顶的时候，你要是移动，没地方可去，只有往下去。因为上帝的品格和特质都已'到顶'，所以绝不会改变了，用圣经的话说就是'昨日今日，一直到永远，是一样的'。"

史蒂夫继续道："但这并不等于把上帝限制住了，不等于说他不能行事。上帝不应该被想象成一位陷入冥想的隐修者，一动不动地坐上几个小时，甚至不肯挥手扇走鼻头的苍蝇。圣经里记载了那么多上帝的作为，任何作为都蕴含着变化。"

"不变的是他的品格。"我附和道，"而改变的是他的行为。"问题渐渐说得通了，我也随着史蒂夫的赞同面露喜色。

他详细阐述了这样的事实：上帝对人类有一个计划，其进程一直朝着一个最高的目标在发展。上帝曾经通过一个民族做工，现在通过他的教会做工。耶稣一度屈从于那些嘲笑他的人，有朝一日，他将对他的仇敌展开报复。某些事在一个时期与他的计划相宜，在另一个时期就不相宜。属性永不改变的上帝正在导演一出大戏，戏里的道具和台词在不断变化，一直朝着最后一幕发展，直至落幕。

我朝窗口瞥去，看见姐姐们滑雪橇归来，若有所思："再回到我的问题上，你是说医治的神迹不适于当今吗？"

"琼妮，我们真的不能一概而论。上帝医治这个人不治那个人，甚至在某人的一生中时治时不治，可能自有它的好处。我相信当今的人要是祈求，上帝有时仍会行医治神迹。但我确实认为在基督和使徒的时代，神迹曾有特殊的地位。"他把我的轮椅推离窗口，推到桌边。

他在我身边坐下，翻开圣经继续解释。我明白了神迹在基督的时代如何有着特殊地位，因为神迹证明耶稣就是他自

称的那一位——以赛亚预言的弥赛亚。神迹表明了他的国有
能力逆转罪的恶果，比如死亡和疾病。

神迹在使徒时代也有特殊地位，因为神迹证明众使徒是
基督特别拣选的、扶助蹒跚的新生教会站立起来的人。《使
徒行传》（我们从中了解使徒及他们的所有作为）记录了上
帝子民历史上的一个特殊时期——一个有特殊问题的特殊时
期。因此，他们需要使徒这样的特殊领袖。

首先，当时没有专门培训的传教士，而基督吩咐他的追随
者去四方传播福音，任务何其艰巨！于是上帝赐予早期教会能
行奇事的领袖来扶助他们初涉冰封世界。《使徒行传》2章43
节告诉我们："众人都惧怕。使徒又行了许多奇事神迹。"

早期教会存在的另一个特殊问题是，许多基督徒从小受
犹太化教育，他们对很多问题感到困惑。史蒂夫让我把自己
想象成一个犹太家庭中的父亲，这家人新近归信了基督，居
住在一世纪初的巴勒斯坦。

"想象一下，琼妮。"他咧嘴笑道，"你们祖祖辈辈都
虔诚地遵循犹太律法，无论是献祭，还是给所有男丁行割
礼，或者饮食的禁忌、交往的限制，所有规定都要严格遵
守。这古老的生活方式当然在继续，毕竟，你还是一个犹太
人。不过有一天，你最好的朋友，也是一个犹太基督徒（不
过最近行为有点怪），向你透露了一些新鲜事。

"嘿，老朋友，你听说了吗？"

"听说什么？"

"自从上帝的儿子作为最后的赎罪祭，在十字架上死去，我们再也不用去神殿里献祭了。"

你高举双臂，惊愕地大叫："你疯了吗？！不献祭品？我是说，我相信耶稣，可我们从来都是献祭的。"

"这还不算完。"他兴奋地继续，"我们再也不用给儿子行割礼了。"

"不给儿子行割礼！哎呀……（咳嗽）……真是……（语无伦次）……你怎么能……"

"还有呢，我们想吃什么肉，就可以吃什么肉。我们还应该爱一切外邦人，如同爱我们的亲兄弟！事实上，我正是来请你和老弗拉维·马库斯今晚到我家吃猪肉大餐的。"

"我吃猪肉？！"你尖叫着抱头逃窜，"和弗拉维，那个猪倌？！"

我笑着听史蒂夫讲完故事。"好啦，"他得出结论，"你能想象犹太基督徒和外邦基督徒之间的摩擦。所以需要有一些受尊重且能力强、能管事并解决纷争的领袖，比如使徒，来解决这些问题。"

他继续讲造成使徒时代特殊性的另一些情况。当时还没出现新约圣经，耶稣的教导很容易被忘记或曲解。虽然在完整的新约福音被记录下来成为永恒真理之前，圣灵给某些基督徒以预言和默示作为临时替代，但是冒充者大有人在。急于自我满足的假教师，埋伏在每棵树后，像饿狼一般等待扑向上帝的羊群，引他们走上歧途。由于没有新约圣经可参照，没有衡量真实性的绝对标准，使徒就成了上帝派来控制局面，防止教会出偏差的权威。

　　既然众多假使徒四处奔忙，基督的真使徒又如何证明自己是真的呢？保罗在给哥林多教会的信中回答了这个问题。他宣称他们能识别他确是真使徒，有他一贯的生活作风和对他们的服事为证。①不过他最有力的辩词见于《哥林多后书》12章12节："我在你们中间，用百般的忍耐，藉着神迹、奇事、异能，显出使徒的凭据来。"神迹有明确的作用，就是显明上帝派来建立并带领教会的那些人。为了增大他们的权柄，上帝不仅使他们能行神迹，也让他们牧养下的其他人获得异能。这种事显然没有在普通信徒的牧养下发生过。②

---

① 林前9:1-3；林后2:17,11:23。
② 《使徒行传》的前7章只提到使徒行神迹（徒2:43，3:6，4:33，5:12，5:15-16）。《使徒行传》6章6节写道，使徒按手在7个大有信心的人（都是非使徒）头上，为他们祷告，其中有司提反和腓力。紧接着经文就记述了司提反在民间行神迹的事（6:8）。在司提反的事迹（6:8-7:60）之后，经文记述了腓力在撒玛利亚行神迹的事。显而易见，他们是在使徒按手在他们头上时获得这种能力的。
普通信徒在没有使徒帮助的情况下似乎不能将异能传给其他人。使徒听见撒玛利亚人"领受了神的道"（8:14），就打发彼得和约翰往撒玛利亚去，因为"圣灵还没有降在他们一个人身上，他们只奉主耶稣的名受了洗"（8:16）。当使徒按手在撒玛利亚人头上，他们就"接受了圣灵"（8:17）。
有些学者认为撒玛利亚人直到彼得和约翰到来之后才真正得救，因为一个人没有接受圣灵怎么能算得救呢？然而，我们更倾向于认为"他们接受了圣灵"的意思是"他们接受了圣灵的异能"。一方面是因为，8章14节说撒玛利亚人"领受了神的道"；另一方面是，在8章18节中，行邪术的西门"看见使徒按手，便有圣灵赐下"。这表明撒玛利亚人接受的是外在的可见的异象，而不是内在的蒙恩。由此看来，腓力不是使徒（在"使徒"这个词的特指意义上），接受异能是在使徒的监督之下，而且，那些接受了这种异能的人似乎不能在没有使徒帮助的情况下，仅凭自己将异能赐给别人。

"特殊的时代有特殊的人。"史蒂夫总结道，"使徒就是特殊的人。事实上，他们是非常特殊的，所以《以弗所书》2章20节告诉我们，整个教会被建造在使徒和先知的根基上，有基督耶稣自己为房角石。那可是相当高的地位和荣誉，其余的人是得不着的。

"瞧瞧，你的书架上有那么多关于医治的书。"史蒂夫指着我的书桌上方，并取下一本书，"我读过这本。我来指给你看，书里有这样的话。"说着翻动书页。

"瞧，作者在这儿引用《马太福音》10章8节里耶稣对十二使徒说的话：'医治病人，叫死人复活，叫长大麻风的洁净，把鬼赶出去。你们白白地得来，也要白白地舍去。'"他的手指滑到下一段。

"在这里，他用那句经文证明我们应当去做同样的事。琼妮，如果耶稣的话直接适用于我们，就意味着我们都应当去叫死人复活！"

"还有一点，"他断言，"无论我们如何看待神迹在那时的重要性，相对现在而言，有一点是肯定的：我们不能以上帝昨天行的事为证指出他今天就要行同样的事。如果真是那样，他就肯定不能让我们的鞋和衣服穿坏穿破，因为以色列人在旷野行走时，他就是这样行的！"[1]

我渐渐想通了。虽然我们能从阅读使徒行传学到很多，但不一定意味着我们也能做他们所做的一切。上帝派他们来

---

[1] 参见申29:8。这个观点出自Henry Frost《神奇的医治》。

扶持教会是在一个特殊时代，那时教会急需帮助。我们不能因为做不到使徒所做的一切，就懊丧不已，反而应当称颂上帝满有智慧地赐予他们适于当时的特殊能力，也赐予我们适于当今的特殊恩典。

史蒂夫和我都没留意时间，几个小时就这样溜走了。雪已停，炉火已熄，早已过了我应当上床的时间。史蒂夫打哈欠，伸懒腰，起身要走。

他捡起我俩喝剩的可乐瓶，迟疑了片刻，开口说："琼妮，这番话对我来说并不轻松。看你在轮椅里这么多年，我真的是咬着牙说出这些话的。要问谁最希望看见你行走，非我莫属。"

"我明白。"我让他放心。

"我不希望你把我今晚讲的一切照单全收。我只是恳请你以一种开放的心态去做一些敬虔的思考。"

亲爱的读者，这也是我恳请你去做的。

第十四章

祷告和应许

可是，我们在那间橡木小教堂里朗读的经文显得那么言之凿凿！我说的是圣经里所有关于应许的经文，似乎在向基督徒保证，他们的祷告都将得到回应，包括对医治的祈求。记得吗?

> "你们奉我的名无论求什么，我必成就，叫父因儿子得荣耀。你们若奉我的名求什么，我必成就。"（约14:13-14）

> "我实在告诉你们，无论何人对这座山说：'你挪开此地，投在海里！'他若心里不疑惑，只信他所说的必成，就必给他成了。所以我告诉你

们：凡你们祷告祈求的，无论是什么，只要信是得
着的，就必得着。"（可11:23-24）

"我靠着那加给我力量的，凡事都能作。"
（腓4:13）

这将我们带到了第十一章结尾的第三、第四个问题：圣
经向我们应许，无论我们奉耶稣的名求什么，必给我们成
就，包括健康和医治。

这些都是惊人的应许，但是引发了一个问题。请问：你
什么时候亲眼看见一座山投在海里了？虔诚的基督徒奉耶
稣的名满怀信心地祷告，祈求的很多事却从未发生。那么
当基督徒的祷告未得回应时（也就是当上帝回答"不"的
时候），我们应该怎样看待这样的经文呢？我们不能避而不
谈，也不能怎么舒服怎么解释。我们若是将这些经文单独写
在一块饰板上安装在壁炉上方，将其视作上帝一字不差的应
许，认为所有的祷告都将以我们期待的方式得到回应，那真
能叫人深受打击。我愿意第一个承认，我有时候就觉得自己
的祷告碰到天花板便弹了回来，从未上达天庭。你没有过同
感吗？

我不完全明白上帝为什么有选择地回应人们的祷告，也
不知道所有这些经文的全部含义，但我发现，将圣经的不同
章节相互比较、彼此印证，确实大有益处。你知道吗？上

帝确实保证必将回应祷告。当耶稣给门徒这些应许时，他是在说："听着，我给你们一项任务，也保证你们会得着完成任务所需的一切。如果有一座山挡了你们的路，你们若是求我，我便将它夷平。"那些使徒也确实看见山川移位，正如他们改变了历史进程！

但我也发现上帝给出两个条件。为确保我们的祷告得到回应，就必须满足两点：我们必须活在与上帝的亲密相交中，我们的祈求必须与他的旨意相符。

与上帝相交

还是高中生的时候，我像很多基督徒一样，倾向于把自己而非上帝当作生活的中心。当然，我相信基督是把我从罪中赎出的救主，也多少努力去做正确的事。但我在想到上帝时，关心的根本问题却是："他能为我做什么？服侍基督怎样才能给我快乐？敬拜结束时我感觉如何？"这种"上帝为使我快乐而存在"的心态自然而然地延伸到我的祷告生活中。我忘了上帝期待并要求他的子民成圣，兀自推断说："如果上帝只愿将最好的给我，那么他一定会回应我的祷告，哪怕我活得并不像个天使。"

不料，我却遭到一记严厉警告。有一天灵修时翻看《诗篇》，我偶然读到一句："我若心里注重罪孽，主必不听。"（诗66:18）坏了！怎么会这样？我以为上帝垂听每个人。可是后来，我又发现几处表述同样意思的经文。《雅各书》5章16节说义人的祷告是大有力量、大有功效的。所以，我安慰自己：我不必为此担心，既然我是基督徒，无论我怎样生活，在上帝的眼中都是义人。可有人向我指出，雅各在书中通篇谈论的并不是上帝看我们为义，而是我们对他的顺服。换句话说，如果我想让上帝垂听我的祷告，最好开始听从他的旨意。

彼得阐发了雅各的话，规劝丈夫敬重妻子，继而向他们解释："这样便叫你们的祷告没有阻碍。"（彼前3:7）别忘了，当耶稣给出福音书里所有那些惊人的应许时，彼得就在当场。可他并没有把耶稣的话解释成："祷告就像一张空白支票。无论什么时候，无论你灵里的状况如何，你只要填上数额，我就给你兑现。"不，上帝只保证虔诚的基督徒"致电"他时能立即接通，而故态复萌的信徒只会听到忙音，除非他们说："原谅我，我错了。"

在《约翰福音》15章7节，耶稣自己限定了他所给的这些应许的意义："你们若常在我里面，我的话也常在你们里面；凡你们所愿意的，祈求就给你们成就。"当他说"常在我里面"时，他指的是一种始终同他亲近的属灵生活，而不是一时兴起。

高中时，每年秋季的体育课上，我们都会进行几周长跑训练。哨声响起，我们大都步伐轻松地出发，大部分人很快会找到合适的步速，知道以此速度能坚持跑完全程。可是总有几个人起跑便冲在前头，就像刚刚击球砸碎邻家玻璃、落荒而逃的小孩。大多数人还没跑到弯道，她们已跑过半个操场。很快，我们就趁她们慢下来调整呼吸时超过去。然后她们又反超我们，不一会儿就再次落后。比赛终了，那些匀速稳定奔跑的往往成绩最好。

　　同理，当我们突然爆发出一阵属灵激情时，不一定意味着我们"常在基督里"。顿生激情并非坏事，但容易有欺骗性。我从个人经验得知，我们可能前一周还是"超级基督徒"，后一周就灰心放弃。然而，上帝承诺回应的是那些始终与他稳步同行之人的祷告，这就需要我们在灵性上成熟起来。当然，所有基督徒都会经历人生的起起伏伏，所以我不是说要完美，即便是最优秀的基督徒也永远达不到完美。即使我们远离了上帝，他因着慈爱，也会垂听我们。不过，我们的生命越与基督相合，我们的祷告就越有希望得到回应。

　　耶稣并不是泛泛地告诫我们，要我们常在他里面。他有具体要求，就是这一句："我的话也常在你们里面。"这指的不仅是他在地上时亲口说过的话（有些版本的圣经甚至用红字标出），而是指整本圣经，因为所有经文都是圣灵启示出来的。你让基督的话常存在心，并不意味着你必须获得神学学位或圣经学校文凭，也不是说要像记住购物单一样记住圣经里的人名和地名，好在别人企图以"撒迦利亚的岳母是谁？"这种问题刁难你的时候，能够从容应对，赢得"圣经花絮"问答赛。你可以从不让这种问题牵扯精力，只专注在圣经和神学上。我认为，耶稣的意思是要你在心中反复温习经文，讨上帝喜悦，并且带给他荣耀。你需要有大卫作此诗句时的那种态度："我将你的话藏在心里，免得我得罪你。"（诗119:11）

现在知道了，为使我们的祷告得到回应，我们要与上帝同行并牢记他的话，遗憾的是，太多人只想拥有保罗祷告的力量，却不想效仿保罗自律的生活。曾几何时，我们都犯过这样的错误：把上帝当成天上的一台伟大的属灵自动售货机——你放入祷告，他就做出回应。但上帝不是机器，他有自己的意愿。

三姐凯西可以随时向二姐杰伊提出："我今晚能借你的汽车用吗？"因为凯西跟杰伊很亲，爱她，善待她，跟她建立了亲密关系。可你假如是杰伊的什么"朋友"，两年都不曾打一个电话，你别指望某天突然登门，施展往日的魅力，就能哄她借给你汽车。

这样与人交往是行不通的，与上帝交往也一样。如果我们只在有所求或有麻烦的时候才跑来找他，就不能指望他垂听我们的祷告，而且即使我们同他亲近，也没有资格指望"有病必治"或有求必应。因为我们活着是为了服事上帝，而不是让上帝服侍我们。我们应该谦卑地向他祈求，牢记他是谁。如此，正如使徒约翰所说，"我们一切所求的，就从他得着，"这不是因为我们有要求，而是"因为我们遵守他的命令，行他所喜悦的事。"（约壹3:22）

上帝的旨意

你是个十分热心服事基督的人，却身患疾病，这又怎么说呢？你患的也许是感冒，也许是白血病。在多次康复祷告会以及无数次祈祷和流泪之后，你依旧病魔缠身。出什么差错了？也许在我讲述自己未被治愈的经历时，你也有同感，也因为什么都没发生而抱愧。也许你搜索内心寻找隐匿之罪，甚至不惜编织罪名好让自己悔罪并得医治。也许你的圣经里有几页已经破烂，因为你用钢笔在各处应许下面划了线，还经常大声朗读那些应许给上帝听。但是，尽管你已拨得天上的电话铃声大作，并发誓只要上帝垂听，你什么都愿做，可对方仍是沉默。

如果这符合你的状况，那你并不孤单，像你一样的基督徒有千千万万。我对你深表同情，我知道，有些善意的基督徒甚至暗示：你没有得医治是你自找的。

我对医治的祈求得不到回应，为什么？遍寻他处求解之后，我被迫又回过头来，更仔细地考察上帝的话语。正是在那里，我有了一些发现，不仅谈到有关神迹、医治问题，而且谈到基督徒为何受苦的大问题。答案其实很简单。如果你试过各种办法以求医治却毫无起色，那你可曾想过，你之所以处于现在的状况，是因为上帝以其智慧定意要你如此？

你看，使徒约翰不但记下神的话，应许我们奉耶稣之名无论求什么，必得成就（约14:13），还提到上帝应许附带的一个条件。在《约翰一书》5章14节中，他告诉我们："我们若照他的旨意求什么，他就听我们，这是我们向他所存坦然无惧的心。"这个条件可不寻常。我们是不是求自己喜欢的，求使生活更容易的，甚至求我们想象中"上帝会喜欢"的？而没有"照他的旨意"求。要上帝回应我们的祷告，这祷告就必须符合他的旨意。

然而究竟为什么，拒绝一个基督徒对医治的祈求可能是上帝的旨意呢？某种意义上讲，这本书讲的都是这个问题。圣经里多处谈到苦难对人的益处。痛苦和不适使我们的心远离世界，迫使我们思索上帝，促使我们更频繁、更专注地研读他的话语。试炼挫伤了我们的傲气，叫我们只靠上帝（林后1:9）。我们进而学会更好地了解上帝，因为在不得不依靠他熬过每时每刻的情况下，我们确实得好好了解他。苦难给了我们称颂上帝的机会，即使做起来很难。这使他喜悦并证明他是何等伟大，能够激发如此的忠心。我们也可以借此衡量自己对他的信心。

有时候，疾病作为上帝之鞭有警策我们远离罪恶的功效（林前11:29；彼前4:1）。这证明他爱我们，因为每一位好父亲都会管教他的孩子（来12:5-6）。有时候，上帝利用苦难提醒我们同情其他受苦之人（林后1:3-4），类似的好处不胜枚举。不说别的，单单耶稣在世上时，上帝使他因受苦而得完全这个事实就该让我们有所醒悟（来2:10）。我们当扪心自问："我还有什么不知足的呢？"

假如我没有摔断脖子，今天会是什么样，有时想到这些，我就不寒而栗。一开始，我不懂上帝为什么竟任其发生，但我现在确实懂了。他凭借我的瘫痪得着的荣耀远远超过凭借我的健康得着的！你绝对无法了解这让我感觉多么充实。上帝若决定医治你，作为对你祈求的回应，很好，请为此感谢他；但他若决定不治，也请同样感谢他，你要相信他自有原因。

我知道有人会说："琼妮，如果我们不指望上帝医治我们，他就不会！你如果在祷告结束时说'如果这是你的旨意'，只能表明你的信心不足。难道我们不应该努力达到与上帝亲密无间的境界，甚至能在每件事上多少感觉出他的旨意是什么，然后满有信心地祈祷吗？"可是这种观点与圣经描绘的上帝相去甚远！上帝的旨意远远高过我们，我们永远参不透他："深哉！神丰富的智慧和知识。他的判断何其难测！他的踪迹何其难寻！谁知道主的心？谁作过他的谋士呢？"（罗11:33-34）

新约圣经的作者没有自称总是知道上帝的心意。雅各劝告我们，不应说"明天我要去哪里，做什么"，而应说"主若愿意，我们就可以活着，也可以作这事，或作那事"（雅4:15）。有一次，一群基督徒请求保罗留在以弗所教导他们，保罗没有假装能读懂上帝的心，而只说："神若许我，我还要回到你们这里。"（徒18:21）

我们应该以"如果这是你的旨意"这类话来结束祷告，

主要原因在于，我们太容易误解、误读上帝的旨意。无数次，我骗自己相信我所祈求的是为了上帝的荣耀，而实际上是为了我自己。"上帝，求你别让我在演讲课上讲话时出洋相。否则，同学们会以为基督徒全都是怪胎，这会损害你的名声。"假如那是我的本意，我的祷告就没问题。可在心底里，我觉得我的真实想法是："上帝，别让我搞砸这次演讲，因为我不想当众出丑。"上帝知道，真正损害他名声的是我这种以自我为中心的态度，而一场糟糕的演讲比回应我的祷告更能实现他的意图。

然而对上帝计划的误解并不一定都出于自私或罪恶的动机。我们有可能犯诚实的错误。①我给你举个例子。

一年前的一天下午，一位我从未见过的二十来岁的黑发俊男出现在我家门口，说要见我。我姐姐杰伊请他进门，让我俩在书房里单独聊。在接下来的尴尬交谈中，我得知他大老远从西南部的家开车过来只为见我。他显然很紧张，说上帝给了他启示，我将成为他的妻子，他应该向我求婚。在他看来，和我结婚显然是上帝的旨意。我告诉他，真是奇怪，他大概是两年来第10个得到"上帝启示"向我求婚的人。这使他非常不安。难道上帝误导了他？还是误导了另外9个？

一番讨论之后，我们得出结论：都不是。上帝不是糊涂神，不是他误导我们，是我们误解他。然后我们继续讨论，看看有哪些"更安全"的方法，可以帮助我们明白上帝的旨

① 连使徒保罗都犯过这种错误！参见徒16:6-7。

意。比如，运用圣经的原则，听取成熟基督徒的建议，耐心看上帝敞开和关闭哪扇门，等等。临走时，那个青年踏实多了。他确信上帝没有拿他寻开心，也觉得学到的东西使他不虚此行，便开车离去。

将自己对医治的祈求交与上帝，心甘情愿地留待他定夺，这需要我们真正地谦卑下来，完全交托。耶稣在客西马尼园的祷告就是个极好的例证。以他的个人意愿，他迫切希望免于十字架的酷刑，说："父啊！你若愿意，就把这杯撤去。"但他的后半句却成就了人类的救赎："然而，不要成就我的意思，只要成就你的意思。"（路22:42）因此，我们至少可以这么说："奉耶稣之名"祷告，就是向神祈求、由神决定，这就是耶稣在最强烈的痛苦中祷告时的那种心态。

小结

耶稣给他的门徒奇妙的应许：为在世间成就上帝的工，他们无论求告什么，他都满足。但是耶稣自己的话和其余经文明确指出，做祷告至少要满足两个条件：第一，他们必须常在耶稣里面；第二，他们的祈求必须符合上帝的旨意。既然上帝并未决定将他的旨意全部启示给基督徒，那么我们只得将自己的祈求交在他手中，耐心等待，看他怎么做。万一他决定拒绝我们的祈求呢？别急，"移山"的方法不止一种。新约强调上帝爱使用软弱的器皿（人）来做他的工，以使他自己得荣耀。鉴于源自疾病和苦难对人灵性的益处，上帝或许恰恰选择我们的病痛作为他在我们面前移山的方式。

随着信心的增长，我们看待事物的方式也有所改变：曾经以为上帝荣耀自己的唯一方式似乎就是除去我们的苦难；现在明白，他能凭借我们的苦难荣耀自己。

至于上帝所行的医治和其他神迹，我们不能以偏概全，只因它们在基督和使徒时代有特殊地位，就认为它们在今天没有地位。在反对"上帝想要治愈每个人"的极端立场时，我们很多人都反应过度，投奔到"上帝从来不想治愈任何人"的另一极端。在这种情况下，我们错误地认为上帝是没有感情的。实际上，抱持这种观念的人很可能根本就没有对上帝的信心。

然而这并不是说，我们任何时候满怀信心地祈求医治，上帝都有义务满足我们。即使在使徒时代，虔诚的基督徒有时也必须忍受疾病。上帝用使徒保罗医治过很多人，而保罗却不得不在旅行中把生病的朋友特罗非摩留在米利都（提后4:20）。在《提摩太前书》5章23节中，保罗劝提摩太："因你胃口不清，屡次患病……可以稍微用点酒。"这里，他既没说"多做祷告"，也没说"过来见我"，而是说"采取措施"。基督徒应该祈求医治，但是如果被上帝拒绝，也不要以为必是出了什么差错。

最后，我们不应该误以为神迹是制服罪恶世界的终极武器。虽然耶稣行过各种神迹，可是在他临死之前，依然有人嘲弄："如果你真是救世主，就从十字架上下来，我们就信了。"走向刑场之前，耶稣向门徒吐露，他们的同代人罪大恶极，因为他们已见过那么多奇迹，可是依旧不信（约15:24）。我们可以肯定，如果一个人的心反抗上帝，在罪里刚硬，那么即使最壮观的神迹也无法改变他的心意，除非圣灵使他眼目得开。

还记得我在前几章提到的从书桌上掉下的那本书吗？我如今还是捡不起来。如果我能再使用双手固然不错，就能捡起书了，可是这种想法早已淡化了，因为瘫痪拉近了我和上帝的距离，医治了我的灵，哪怕用双腿活动一百年作为交换，我也不干。

Part 4

第四部分

难以拼合的拼图

第十五章

让上帝做主

在住院的第一年里，我有时会用一根口含棒①给圣经翻页。我认为自己有所收获，但阅读主要是为打发时间——与看肥皂剧和听广播无异。直到回家以后，我才开始认真研究上帝的话。这一研究便显出天壤之别。通过上帝的而非我自己的视角看问题，帮我把苦难拼图一块块地拼起来。我尝到真智慧的一丝甜头。我推测：如果我坚持下去，也许有一天我会变得极有智慧，能明白上帝在每一件事情上的旨意。

然而随着信仰生活的深入，情况却并不如我所料。通常，我能明白某个特定的试炼如何于我有益，但有时却不能。比如，我知道试炼的目的是建造我们，可有时候问题堆积如山，似乎只为把我压垮，即使我把它们当成从上帝来

---

① 译注：残疾人叼在口中用来实现部分上肢功能的一根长棒。

的，也于事无补。我想：主许诺像这样的日子终将对我有好
处，可怎么个好法？我就是看不出来！

这还不是全部。除了自己的烦恼，我也开始了解其他人
忍受的试炼，都是我给不出答案的。人们开始写信向我诉
苦，而我即使翻看圣经寻找依据，还是无法理解。当然，在
某方面我能理解。我知道圣经对于上帝为什么让我们受苦的
种种解释，然而把某种解释跟某个试炼对应起来就另当别论
了。你能对写这封信的小女孩说些什么呢？

> 亲爱的琼妮：
>
> ……父亲在我两岁的时候就死了，母亲病得非
> 常厉害，身患癌症已有一年……我在努力理解上帝
> 为什么允许这事发生。有时我花大量时间想象妈妈
> 死后我孤单一人会是什么样子。我一直在努力亲近
> 上帝，这样就不会在那天到来时痛不欲生了。我已
> 经接受耶稣作我的救主，可是看着妈妈受罪，我感
> 到很难过，这使我难以长时间集中精力研读圣经。
> 我能做到的似乎只有闲坐着看电视和睡觉了。

我能给这个女孩一些有用的建议，教她怎样以一种荣耀
上帝的方式应对她的问题，可要说出她的苦难产生的具体原
因就另当别论了。上帝在她的试炼中所存的目的是为使她活
得更像基督，还是让她关注属灵事物？是让她给天使世界树

立榜样，还是给她安慰别人的能力？我可以猜测，但我并不知道。无论上帝出于什么目的，至少表面上看来并未达到。

事实上，人们来信提到的某些试炼看起来竟有损上帝的旨意。

亲爱的琼妮：

请理解我写这封信并不是在可怜自己，我也不是无神论者。我本以为在读过你的故事之后，终于能换个角度看问题了。如果你真诚地相信你的理解，我固然钦佩，可我还是根本无法理解你的生活和我弟弟的生活中的残酷事实。

我弟弟今年26岁，自从1965年出了一场车祸，他的四肢就完全瘫痪了……像你一样，他在出事之前也是条件挺不错的人。你自己和他的状况一样，肯定知道他是怎么过来的。

他最终下决心要做些事，就用仅剩的健全部分——大脑。他在家学习心理学，给印第安纳州州长当助手，还准备去俄亥俄州上大学进修。可仅仅过了两周，他就丢了工作，因为如果他工作，就无法从医疗补助计划中支取医药费。他很想工作，不想依靠其他人，像你一样不想要怜悯。

我说的都是过去的事，因为我弟弟现在正在一家疗养院里。自从1976年出了一场罕见的事故后，他就一直昏迷不醒。他本来像普通人一样以自己想要的方式生活，而且时刻保持头脑敏锐。现在，他连这一点都失去了。如果你觉得这事公平或有道理，请开导开导我。

我给这个青年的任何解释，很可能都像空洞可厌的套话，而且这些话很可能也不会令我自己打心眼里信服。有时候，一个人的问题非常严重，似乎让你从中看不到任何潜在好处。当读到这位女士的来信时，我就有这种感觉。

亲爱的琼妮：

我是一个22岁的三肢瘫痪的人。事情出在1968年，母亲动手打我的头，把我打坏了。我动了6次手术才活过来。我在库克县医院住了一年，然后被送到芝加哥康复研究所住了一年半，然后去格兰特医院做了上肢和腿部手术。

我已往返于康复研究所8次，至今已动过22次手术，可还是老样子。我整日窝在一把椅子里，没有亲人，只能自己照顾自己。我读过你的书，想问问你怎样应对抑郁。我对上帝没太大信心，觉得自己不可能克服这点。请告诉我，你对我的事有什么感想。

我开始怀疑："我真有可能变成大智大慧，弄懂上帝在这一切上的心意吗？"我的朋友史蒂夫给我讲了他表妹的经历，但也于事无补。这位年轻女子以前住得离我家不远，最近才搬走。她的经历是这样的：

妈妈年仅16岁的时候，当地一个比她大几岁的酒鬼说，她要是不跟他结婚，他就杀死她的父母，于是她从命了。他像个疯子一样，一喝醉酒就把她打得青一块紫一块。我们在田纳西州的一个农场长大，家境十分贫困，为了糊口，妈妈必须在田里辛苦劳动……我记得有一次，妈妈把几个孩子叫到一起，带我们跑到家后面的山坡上。我以为爸爸之所以拿枪追赶我们，只是在跟我们玩牛仔和印第安人的游戏（我当时太小了）。可当我看见妈妈脸上的恐惧时，才知道那不是闹着玩的。那天深夜，我们趁爸爸醉倒睡着后悄悄溜回家，这才安全……有一次他喝醉后让我们全都靠墙站着，用上了膛的枪指着我们，说要一个一个地崩了我们，然后自杀。要不是一位邻居碰巧来访，救了我们，我猜我们早就死了。爸爸在我7岁的时候淹死了。

即使是妈妈再婚并带我们搬到北方以后，麻烦好像仍跟着我们。在这儿，妈妈险些遭到枪击。两年前她在商店工作的时候，三个劫匪把她绑起来，塞住嘴，关在女厕所里，还在她脖子上架了一把刀，威胁说如果她叫喊就杀死她……

她因患上雷诺氏病，在医院住了九个星期。这种病让人的手指和脚趾变成暗黑色，疼痛难忍，就像冻疮在脱落。她没睡过一个好觉，因为整宿都在疼——疼得她甚至忍受不了床单碰到手指。她的左脚长了坏疽，医生本以为要截肢，但还是尽力保住了她的脚……不过，她左手的三个指头没保住，从指根处就被截掉了。我们全家一直信靠主，可有时真叫人犯难。

最成熟的基督徒就能充分解释上帝行这一切的道理吗？但这还不算完！史蒂夫的表妹接着讲到：她继父有严重的健康问题，动过多次手术；她弟弟在一场车祸中撞坏了肩膀，致使右臂动弹不得；她自己因患癌症动过手术。不过，她讲述的最后一段经历是最不可思议的。事情发生在1975年8月的一天清晨，地点在她家农场：

这天，我目送丈夫巴迪和孩子们离开家，然后穿好衣服准备上班。我下楼，打算穿过厨房门出去开车。进到厨房的时候，我吓了一跳，看见有个男人正靠在洗衣机上。可当他转过脸时，我认出他是个十来岁的小子，就住在离我们几百米远的那个农场。"你在这儿干什么？"我问，纳闷他怎么没敲门。通常我家的狗会对陌生人狂吠，今天却没叫。可是他什么都没说，就那么傻呆呆地瞪着我，然后亮出手里的刀，迈步向我走来。

我往后退，放声尖叫，可他步步紧逼。最后，他在我面前停下来，拿刀扎我的身体右侧。我感到有热的液体涌出来，就用手捂住伤口，免得失血过多。可是无济于事，因为他开始在我身上到处乱扎。我一直在叫喊："为什么？！为什么？！"我去抽屉里找餐刀用来自卫，抽屉却脱了出来，掉到地上。我看见自己的血流得满地都是，感到可怕极了。我跌倒在地，感觉过了像有几百年之后，他终于离开了。

他走后，我硬撑着起来，跌跌撞撞地走向电话机，想打电话求助。直到听见厨房门在身后打开的声音，我才意识到他根本没走，而是在外面等着瞧我会怎么办。我的心一沉，知道是不可能拿到电话了。"这回我要杀死你。"他非常平淡地说，然后举起刀子又开始在我身上乱扎。在划破我的手腕并捅伤我的膝盖窝之后，他拿刀一遍遍地戳我的肚子，其惨状难以形容。

他问我丈夫在不在家，我说："在，他这就下来！"可是没有人来，他知道受骗了，又向我袭击。我费力地叫出来："你已经杀死我了。干吗不快走！"于是，他极其镇定地用袖子擦擦嘴，转身离开了。

我流了更多血，越来越虚弱，但我知道这次必须等他完全离开后才能行动。就在我差点要昏过去的时候，我知道是上帝赐予我力量站起来，蹒跚着扑向电话。我按下"0"键，刚跟接线员讲完大概，眼前一块黑幕落下，我就昏过去了。

医生告诉我，过了整整两天他们才知道我能否活下来。我全身上下缝了约有50针。医生不得不摘除我的脾，修复我的肝、胰和塌陷的肺。

史蒂夫告诉我，那名袭击者在一家小小的少管所里服完仅一个月的刑期之后，就被转到一间精神病院，还被允许周末回家。14个月后，他被释放。虽然上帝给了史蒂夫表妹非凡的能力来宽恕袭击她的人，但三年过去了，她仍有心理阴影。夜里上厕所时，她必须先叫醒丈夫，因为不敢独自穿行黑暗的过道。

听完这位年轻女子的经历后，我惊愕地干坐着，半晌无语。难道有谁能对此做出合理的解释吗？史蒂夫的表妹将终其一生受此影响。她倒是说这次事故使她们全家更亲密，也使她与上帝更亲近了。

虽然严格来讲，我们可以把这些当作上帝允许这一切发生的原因，但肯定不会是全部原因。她本来就很亲近上帝，也已经有了中上水平的家庭生活。上帝的全部目的肯定不会是仅仅把他们良好的居家生活和属灵生活再往上抬几个层次。一次温和得多的试炼就能实现这个目的。上帝在想什么呢？问题的沉重似乎压过了轻飘飘的答案。

我觉得，若要参与劝慰受苦之人的服事，我就必须知道怎样解答这些问题。可我怎么能帮助其他人理解连我自己都理解不了的事呢？

回想起来真是感激不尽，就在那段时期，上帝给我送来了一本书，我毫不犹豫地将其归在我读过的最佳读物之列。这就是J. I. 巴刻的著作《认识神》。书中有一小章叫做"神智与人智"，讨论的内容是：我们没有能力理解每件事背后神的旨意，而这正是困扰我的问题。

> 人普遍犯的错误是……以为……智慧的赏赐包含一种洞察力，能看出在某个特定事件中，上帝为什么行他所行，以及他下一步会做什么。

为什么说是错误呢？智慧难道不是参透上帝心意的能力吗？

> 人们觉得如果真的与上帝紧密同行，他就可以白白地传授智慧给他们，那么……他们就会分辨自

己遇到的每一件事的真正目的，就会时刻明白上帝
如何使一切互相效力而得益……如果最后仍迷惑不
解，他们就怨自己缺乏灵性。

巴刻真是说到我心里去了。这位老先生难道会读心
术吗？

　　这些人花很多时间……猜想为什么上帝允许
这件或那件事发生……或自己应该从中推论出什
么……基督徒……徒劳地寻根究底会把自己逼得近
乎疯狂。

说得太对了！我自己就快发疯了。那么，巴刻的意思是
我们未必能明白上帝在想什么了？噢，原来如此。那么如果
这不是智慧，什么是呢？下面几页包含一些真正改变我人生
的答案，也促使我认真研读圣经，寻找我自己的答案。

　　我突然想到《约伯记》这本苦难的经典案例。要说谁最
有必要明白自身处境背后的"为什么"，非约伯莫属。他的
家人都丧了命，他的产业被毁被偷，他的身上长满毒疮。直
到最后5章，上帝才终于走上台来回答约伯和朋友们的问题
和质疑。这时候，你知道上帝给出什么理由来解释约伯经受
的一切苦难？只字未提！他不是叫约伯坐下，然后说："仔
细听，我要给你讲讲内幕，讲为什么让你经受这一切。你

看，我的计划是……"事实上，上帝非但没有回答约伯的问题，反而说："站起来，约伯。我有几个问题要问问你！"

在接下来的4章里，上帝没说别的，只详细描述了造物的奇妙，然后问约伯能否与之相比。上帝用生动的语言描绘创世的图景，星空的辽阔，动物本能的神奇，大地为每一种活物提供食物的方式。"你总知道，"上帝嘲笑约伯，"因为你早已生在世上，你日子的数目也多。"（伯38:21）

我几乎能感到约伯在上帝的话语中瑟瑟发抖。（我自己就瑟瑟发抖。）为什么要为难约伯呢？我不解。对上帝造物的智慧和权能的所有描述的确引人入胜，可是这跟约伯的试炼有什么关系呢？约伯从未宣称他创造了世界，也从未说过他能解释野兽的习性。上帝为什么谈这些呢？约伯没有假装知道天气循环以及生命的一切奥秘。他只是想求上帝帮他弄懂他的家人为什么丧命，产业为什么损失，身上为什么长疮。

我继续读经，读到的是对自然景象的更多描写，对上帝之伟大的更多描述，还有来自上帝的更多奚落，他问约伯，知不知道野山羊怎么生产，能不能对着云彩大叫，使大雨落下，晓不晓得地有多广，然后是这样一句话："你若知道就只管说吧！"

我仍然迷惑不解。但当我读到40章时，开始显出些名堂来了。上帝终于问了约伯一个似乎点明他长篇大论用意何在的问题。"强辩的岂可与全能者争论吗？与神辩驳的，可以回答这些吧！……你要如勇士束腰；我问你，你可以指示

我。你岂可废弃我所拟定的？岂可定我有罪，好显自己为义吗？"（伯40：1、7-8）

原来如此！上帝明白约伯在强求"为什么"的时候，其实是要求上帝对他负责。这要求看似无辜，但在某种意义上，强求上帝作答等于使自己凌驾于上帝之上。何其荒唐！我们像约伯一样常常认为上帝对我们不公。我们表现得好似天上有某种虚幻的法庭，上帝必在那里回应称为"公正"的东西。可我们忘记了，上帝本身就是法庭，他创造了公正。难道我们能用什么来衡量他的公正性吗？他所做的即是最公正的。①

看看奇妙的上帝所展示的令人敬畏的智慧与权能吧。这样一位神怎么可能向无法测度其无限大能的卑微凡俗如约

---

① 我个人认为，我们无法像上帝一样对"公正"具备完全和准确的理解，出于两个原因。其一，我们不了解所有情况。试图判断上帝在特定情况下的作为公正与否如同进入一间屋子，正赶上一场进行到一半的争论。我们不了解所有背景情况，也就没有资格做出裁定。直到审判日来临，我们才能了解所有情况，才能以一种永恒的视角审视一切。

其二，我们自己意识不到罪的严重和丑恶。我真的很少意识到，上帝对于我们这些叛逆不道、忘恩负义的人根本不欠分毫。这么说其实算客气的。实际上，他是欠我们一样——地狱。我父亲曾感慨道，我们基督徒说自己该下地狱，可我们在这世上尝到最轻微的一丝地狱之苦就连连抱怨，真是啧啧怪事。哪怕我们仅有一次能够清楚地认识到自己罪行的深重，我敢肯定，我们都会同意C. S.路易斯的话："真正的问题显然不是为什么有些谦卑、敬虔、笃信之人受苦，而是为什么有些人不受苦。"（C. S.路易斯《痛苦的奥秘》84页）

一条常常被提出的反对上帝具有公正性的理由是："上帝容许世上存在一些我们看似极不公正的事情（如，儿童死于战争等），如果上帝称其为'公正'，那么我们对公正的定义必是与他完全不同。如果我们眼中的'黑'是他眼中的'白'，那么讨论就变得毫无意义。"C. S.路易斯有理有据地回应了异议。（《痛苦的奥秘》23-24页）如果你在思索上帝的美善这个大问题，请务必读一读这本好书。

伯的人汇报呢？正如上帝在《耶利米书》49章19节所说：
"谁能比我呢？谁能给我定规日期呢？"上帝好像在说：
"约伯，如果你连我在自然界的行为方式都无法理解，还有
什么资格质疑我在更难理解的灵界的作为呢？"

约伯有所醒悟，只能以此作答："我是卑贱的！我用
什么回答你呢？只好用手捂口。我说了一次，再不回答；说
了两次，就不再说。"（伯40:4-5）

是什么使约伯感觉如此呢？原来，他初次窥见了上帝的
真容。他一生敬拜上帝，但这回，他第一次看见上帝的真实
面貌，而不仅仅是自己对他的有限概念。约伯是这样说的：
"我从前风闻有你，现在亲眼看见你。因此我厌恶自己，在
尘土和炉灰中懊悔。"（伯42:5-6）

我的思绪从约伯的处境转回到自己身上。我为能以上帝的
视角看某些问题而感恩。可是像约伯一样，我仍有些问题找不
到答案。至于上帝没给启示的那些事，我是如何应对的呢？

我一下子就被定了罪。圣经告诉我们，上帝是极信实
的，我们要专心仰赖他，不可倚靠自己有限的理解（箴言
3:5）。通过差派基督来为我们受死，上帝已显明他的爱有
多么可信。难道这还不够吗？对我来说不够。我总是想了解
内情，从里往外看——与主同坐在高高的控制塔上，而非居
于混乱的地面。我们的潜台词是：上帝不值得信靠，除非我
在上面俯视一切！

这些年来，我把我的主宰和创造者看得多低呀！我怎么

竟敢以为全能的上帝欠我解释呢？难道我觉得成为一名基督徒是我有"恩"于上帝，所以他现在必须与我一同审核事实？难道宇宙主宰有义务向我解释每个人受试炼的缘由？难道我没读过《申命记》29章29节——"隐秘的事是属耶和华我们神的"？

我凭什么确信，上帝把他一切的道解释给我，我就能明白？那岂不像把百万吨的真理灌进我仅重半两的脑子。连伟大的使徒保罗都承认："心里作难，却不至失望。"（林后4:8）难道上帝没说过"天怎样高过地，照样……我的意念高过你们的意念"（赛55:9）？难道旧约作者不曾写道"风从何道来，骨头在怀孕妇人的胎中如何长成，你尚且不得知道，这样，行万事之神的作为，你更不得知道"（传11:5）？ 事实上，整本《传道书》都在规劝像我这样的人，想叫我们明白，只有上帝掌握着解开生命之谜的钥匙，而他可没把钥匙全借出去！他"又将永生安置在世人心里。然而，神从始至终的作为，人不能参透"（传3:11）。

假如上帝之心小得足以让我参透，他就不是上帝了！以前的我何其谬也。

我回想初习上帝话语的那些日子，那时我的苦难拼图刚开始拼合。初尝智慧，多么甘甜。什么都比不上从上帝的视角审视我们的苦难。可是那种以为我竟能将苦难拼图完全拼合的想法又是多么荒谬。因为智慧不只是通过上帝的眼睛看我们的问题，更是信靠他——即使在拼图看似拼不合的时候。

Part 5

第五部分

完美的苦难拼图

第十六章

天 堂

"云。"我喃喃自语，呆呆地望着飞机舷窗外。

"什么？"正在看书的谢乐尔抬起眼睛。

"外面那些云。"我答，"你来看。"

谢乐尔倚着我的肩头，凝望窗外连绵起伏的壮丽云海。时近黄昏，云层呈现出深紫、浅粉、淡蓝、亮橙，仿佛天上的山脉在夕阳映照下铺展开来，景象华美之至。

"你觉得像什么？"我问。

"群山。"她说，"万紫千红的茫茫群山。"

"是呀。"我回答，仍旧目不转睛地看那景致，"你甚至以为，如果你跳出去落到上面，它们会托住你。"

但这不可能。纵然美丽，看似坚固，它们不过是稍纵即逝的水雾，虚无缥缈的云烟，今天在，明天逝去。

我想到我们在这世上的生命，想起圣经是这么说的：

"你们的生命是什么呢？你们原来是一片云雾，出现少时就不见了。"（雅4:14）我环视机舱，只见乘务员分发食品饮料，商人阅读《华尔街日报》，母亲和小宝宝同坐，游客带网球拍同行。有人在打盹儿，有人凝望窗外。坐飞机的人里，有的去赴销售会议，有的去度假，有的去看孙子孙女。

我暗自思忖：这看上去并不像一片稍纵即逝的云雾，我们真的不相信一切都将结束，不是吗？如果没有上帝的点拨，我们都会以为这趟人生旅程将永远进行下去。

可是旅程终将结束。今生不是永恒，也不是生命中最好的部分。今生的美好只不过是我们将在天堂体会的完美事物的映像。正如我的画作。我描画身边的自然景色，可那些图画只不过是对我所见的一种粗略而无力的反映。我用灰色的铅笔描摹上帝用无限多的色彩绘出的美景。我的画作为速写本边缘所限，不可能完全描绘出上帝创造的围绕在我们上下四周的无边无际的自然。正如我的画作反映出我所见的自然，令人愉悦却不完美，我们所知的今生今世也只是对有朝一日将要显露之荣耀的一种预映。真实终极的图景，存在于天堂。

我们的问题是，我们过分沉溺于生活的"真实"。

"一个月之后，我将躺在佛罗里达的沙滩上喝柠檬水。"劳累过度的秘书梦想度假。

"再过三周我们就离开这儿啦！"高三学生期待毕业。

"他不就是世界上最好的人嘛！"订婚的姑娘感叹。

"但愿我这次能升职。"主管雄心勃勃。

可是愿望的实现却很少那么如意。期待已久的假期匆匆结束而且费用高昂；相比大学的课业负担，高中的作业就像

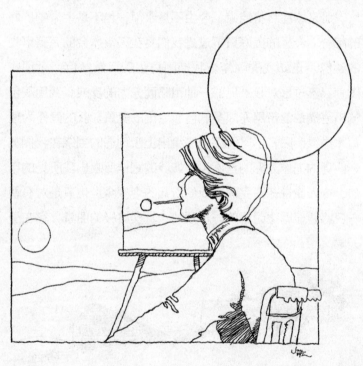

天堂

小孩的游戏；白马王子原来是个满身缺点的平庸丈夫；职务的升迁带来的是更大的压力。生活中的好事很少如我们期待的那样令人满意，就算令人满意，也不够持久。

所以上帝在圣经里教导我们要思念天上的事（西3:2；彼前1:13）。生活的乐趣绝不是为满足我们，而仅仅是激发我们去渴求那即将到来的——是在我们苦度今生奔向天堂的过程中给我们加油鼓劲的。"在我们奔走天路的旅程当中，慈爱的天父预备了可爱的客栈，让我们的身心得到休憩，不过，他并不愿意我们误把客栈当作真正的家。"①

问题在于，我们确实错把旅店当成了家。天堂遥不可及，难以捉摸，而且，我们必须死了以后才能去那儿。谁愿意去想这个！于是，上帝只好帮助我们注目于永生。我们通常一开始对他所做的并不领情，但后来便会心怀感激。萨缪尔·卢瑟福在一封写于17世纪的信中描述了这种帮助：

> 如果上帝在早些时候告诉我，他要让我获得这世上最大的快乐，接着告诉我，他要从让我断臂或瘸腿并除去我惯常的快乐源泉来开始他的工作，那么我一定会认为他实现意图的方式非常奇特。然而，就连这种方式也显明了他是何等智慧！假如你看见一个人关在一间密室里，对油灯顶礼膜拜，欣喜于油灯发出的亮光，而你希望给他真正的快乐，

---

① C.S.路易斯《痛苦的奥秘》94页。

那么你会首先吹熄所有的灯，然后打开门窗让阳光照进来。①

当上帝容许我摔断脖子的时候，他恰恰是在帮助我。他吹熄了我生活中的油灯，吹熄了照亮此时此地、使生活充满乐趣的油灯。黑暗的绝望随之而来，不太有趣。但它的确使圣经形容的天堂生动起来了。有朝一日，耶稣再来的时候，上帝将要打开天堂的门窗。我心中毫不怀疑，那时的我将格外兴奋和急切，而假如我身体健全就不会那么激动。你看，苦难使我们对天堂有所准备。

怎样使我们有所准备呢？苦难使我们向往天堂。摔断的颈、折断的臂、破碎的家、破碎的心——这些摧毁了我们对于现实能"保守承诺"的错觉。当我们终于认识到我们怀抱的希望永远不会实现，死去的爱人永远离开了尘世，我们永远不会成为曾经幻想的那般漂亮、走红、成功、出名，这时，我们便仰望蓝天。苦难使我们的目光从这个世界移开，转移到对天堂的关注上。天堂成了我们热切向往的地方。

说到对天堂的向往，我就想到了里克·斯鲍丁——一名23岁的瘫痪青年。他在读过我的处女作之后很快便给我来信，字里行间充满喜乐和对主的爱，使我们这些读信的人深受鼓舞。我觉得哪天跟他见见面会很开心的，也许我能更多地了解他的病情，我们还能交流对信仰的认识或轮椅使用

① 萨缪尔·卢瑟福的《萨缪尔·卢瑟福书信集》。

心得。

1976年7月4日，我得到拜访里克的机会。当时有几位朋友带我去费城发表几场演讲。在二百年国庆的下午，我们没有任何安排。想起里克在信中提到他和家人住在福吉谷，离得不远，我们就打电话询问可否前去探望。不出几分钟，我们就上路了。

我们抵达他家的时候，斯鲍丁太太把我们拽到一旁简述了里克的状况，让我们做好见他的准备。

她说："里克15岁的时候在学校打拳击，结果摔倒了，脑袋磕在健身房地板上，就昏过去了。醒来后他就瘫痪了。"

原来如此，他瘫痪了，我也瘫痪了。

但她接下去描述了他是怎么个瘫痪法。要知道，我能动用双肩，能动用一点点二头肌，能微笑和说话。可是这些，里克全都做不到。他能做到的极限就是转头和眨眼，而且是费了好几个月才学会的。

"你们得学会看眼色。"她警告说。我们这才进去。

见到里克的那一瞬间，我们就喜欢上了他。他靠在一张躺椅上，不能咀嚼食物，不能说一个字。可是那双眼睛真会说话！在交流（因为我们无法真正交谈）的过程中，我学会了问他最容易回答的那种问题——他能靠眨眼表示"是"或"否"的问题。

里克的父母介绍了他们探索出的一种让里克造出完整句

子的方法，用的是一张字母表。每当他想拼一个单词时，他妈妈就会观察他的眼睛是往字母表的右边还是左边看。然后他用仰视、平视或俯视来示意字母在第几行。最后，他妈妈逐个读出那一行的字母直到他眨眼，她就把相应的字母写下来，他再接着拼下一个。

通过用字母表写论文和听磁带学课本，里克已经完成了高中学业和两年的大学课程，而且成绩良好，得到一个A，一个C，其余全是B！（唯一的C是第一学期的俄语课。后来他把成绩提高到了B。）

那天下午，我们"聊"到很多事情，而最令人兴奋的时刻莫过于谈起共同的信仰和对天堂的向往。

"里克。"我希望替他表达他无法说出的话，"想想看，咱们在天堂里获得新身体的时候，那该有多棒啊！"

他的眼睛一亮。

"我不知道你。"我继续道,"反正我在能走路的那个时候从没觉得天堂有多好。我把它想象成一个无聊的地方,每个人身着天使的行头,脚撑在云上,整天打磨金器。"

里克笑了,虽然他笑不出来(看你能否想象得出)。

"可是自从丧失了行动能力,我便懂得了有一天,我将换来一个新身体①。不要天使的翅膀!只要能做工的手和能走路的脚。想想看。咱们将站立起来,能跑,能走,能做工,能跟耶稣交谈——能做一切!也许还能打网球呢!"

我说话的时候,里克以最快的速度频频眨眼。这是他表示兴奋的方式,是他微笑的方式。他以自己能运用的唯一方式告诉我们,他多么急切地向往天堂。那眨动的双眼闪现出他对上帝的信心和向往,以及获得新身体的渴望。

那天下午在那间屋里的交流使在座的所有人——我自己、我的朋友、里克和他的家人——都对天堂心向往之。里克去那儿是获益最大的,所以我想他是最向往的。一个月之后,他实现了愿望。同年8月,里克去了天堂。

苦难之于里克的益处也能惠及我们所有人,使我们的心常在天上,在心所属之处。然而苦难不单使我们向往天堂,还使我们有准备地去见上帝。

请你想一想。假如你一生未曾感知任何身体疾苦,你岂能怜惜基督迎接你时伸出的那双带有伤痕的手?假如你从未深受伤害,当你来到多受痛苦、常经忧患(赛53:3)的那一

---

① 参见:林前15:42-44;林后5:1-2。

位的座前，你岂能充分表达你的感激之情？假如你从未受过
窘，从未害过羞，你又何从得知他在担当你令人羞耻的罪时
是多么爱你。

你岂不知，苦难的经历让我们至少浅尝基督替我们赎罪
所受的苦，这样，当我们见到他时，对他的感激便会大大加
深。我们在苦难之中坚守的信心，就是对他的回馈。因为，
假如今生未给我们留下任何伤痕，我们能用什么证明对他的
爱和忠心呢？假如基督徒的身份没让我们付出任何代价，我
们岂不觉得太惭愧了？所以说，苦难使我们有准备地去见
上帝。

苦难还有一个益处：如果在试炼中我们坚守信心，苦
难就会为我们赢得天上的丰厚奖赏。"我们这至暂至轻
的苦楚，要为我们成就极重无比永远的荣耀。"（林后
4:17）不要将天堂和地上割裂开来，认为地上的苦难多
多，而天堂终将是美好的归宿。实际上，天堂的美好恰恰
得之于地上的苦难。我的轮椅尽管讨厌，却是上帝用来改
变我的态度、让我更忠于他的工具。我越忠于他，在天上
积累的奖赏就越丰厚。所以世上的苦难不仅于我们今生有
益，也惠及我们的永生。

现在我还不知道这些奖赏和珍宝究竟是什么，但它们肯
定值得我受苦。还记得吗，小学二年级时，某个孩子成为全
班追捧的对象，就因为他有一个别致的溜溜球！对其他孩子
来说，当务之急莫过于拥有同一款溜溜球。可是上了中学，

谁都不再稀罕溜溜球。以后的当务之急就是参加校队，或者拥有新潮汽车，或者成为某个圈子里的红人。

同样地，当上帝赐予我们完美无瑕的心时，我们的当务之急就显得不再重要了。我们的心将专注于荣耀上帝，唯有他值得称颂。可以说，那些在今生缺乏信心的人，得不到上帝的很多奖赏，而他们可能也不想要。我相信他们扪心自问，也深知自己不配得奖赏。至于上帝奖赏的那些人呢？似乎他们唯一的愿望就是要更完满地服侍上帝，而上帝会满足他们的愿望。他们将有幸以特殊的方式服侍他，管理他的事务，在他的神殿中作柱子（太25:23；启3:12）。

我说过有一天上帝将赐予我们完美无瑕的心。在我看来，那是天堂最可称奇之处。如果上帝今天就要带我们去天堂，却没有改变我们的内心，天堂就不成其为天堂。天上的纯净和圣洁只会排斥我们，使我们感到愧疚，我们不久就会感到极其烦闷，正如在地上的时候，就连最刺激的活动也会变得乏味。

天堂之所以称为天堂，不但因为外在环境彻底改变，更因为我们心意更新而变化，再没有犯罪的欲望，再不感到愧疚、沮丧、烦躁。你能想象那是怎样的一种心境吗？我们将体验到美妙的和谐，不仅因为身在乐园，还因为拥有能够享受快乐的心。

提起天堂，我便想到被接回家的那一刻。回想我行动自如的时候，每当曲棍球训练结束后，回到家中的感觉是多么温馨、美好。我推开自家后门，铃铛撞门发出熟悉的叮当声，听来是多么悦耳。在家迎候我的是充满温情的景象、声音和味道。妈妈一边笑盈盈地问候我，一边把食物盛进大碗准备端上桌。我会扔下运动服和球棍，跑进书房去问候爸爸。他会从书桌前回转头，摘下眼镜，给我一个大大的"嗨"，然后问我练得怎么样。

对于基督徒，天堂便是如此情景。我们会见到先我们而去的老友和家人。慈祥的天父会张开慈爱的双臂迎接我们。耶稣也会在那里欢迎我们。我们不会感到陌生或不安，而会觉得像回了家……因为我们终将回家。耶稣说过，那个地方就是为我们准备的。

我们将拥有新的身体和头脑！我能奔向朋友，拥抱他们。我会在天堂的掌权者面前举起新的双手——对身边的所有人高喊："曾被杀的羔羊是配得尊贵和赞颂的。他曾把我的灵从罪与死的绑缚中解救出来，现在他又解救了我的身体！"

世上的冤屈和不公得到昭雪。我们的眼泪一滴也不会白流，上帝都已储存在他的瓶中，他自有量度。道理要显明，疑团将打开，我们会明白这些最不合情理的苦难到底意义何在。但这只是开始。

　　神要擦去他们一切的眼泪，不再有死亡，也不再有悲哀、哭号、疼痛，因为以前的事都过去了。

等不及了吧?

　　证明这事的说："是了。我必快来。"
　　阿们！主耶稣啊，我愿你来！（启21:4，
22:20）

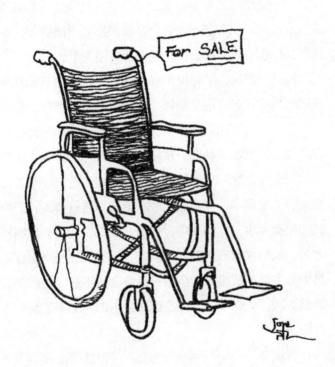

结　语

我刚才翻回前页去欣赏我用钢笔画的一张空轮椅的小图。一张空空的轮椅是我求之不得的！从那次致我瘫痪的跳水事故算起，已有35年之久，从我画那张小图算起，也有25年之久。那时我向往天堂，现在我渴望天堂。

我并不是厌倦了轮椅生涯。35年的四肢瘫痪和几乎同样长时间的研读圣经已使我懂得，靠着上帝的恩典，我可以满足于不使用双手和双腿。不，我对天堂的渴望与其说是出于自我关注，不如说是出于对其他受苦之人的同情。

"琼妮之友"是我自1979年开始带领的一项事工，在周游世界的过程中，我遇见了成千上万与苦难搏斗、同抑郁对抗的男女老少。他们在应对失明、瘫痪、死亡、疾病和离异之苦。他们来自巴尔的摩和北京、明尼阿波利斯和莫斯科，其中很多都是敬虔人，虽然对基督确信不疑，他们仍会常常以泪洗面，心痛不已。正是这些受伤的人加深了我对天堂的渴望。

我知道有一天"神要擦去他们一切的眼泪，不再有死亡，也不再有悲哀、哭号、疼痛，因为以前的事都过去了"。记述这么多苦难之后，难怪我们在本书的末尾会以《启示录》

22章20节里我们救主的话作结："是了。我必快来。"

《风闻有你》在将近25年里激励了世界各地成千上万的读者，提升了他们的眼界，鼓舞了他们脆弱的心。我们希望通过这本小书，更深入地与你一起分享我的人生，包括经验和教训、失败和成功。同时，我们也把它当作一本护教书，当作上帝美善的证明。这是一个可信的个人见证，向你证明，正是因为苦难，你更可以信靠并顺服上帝。相信我，我不是在自夸，具有影响力的并不是我的经历，而是上帝的话语。那些关乎苦难的伟大的圣经真理，才能改变你的生命。

一位做父亲的，曾经历儿子惨遭杀害的剧烈痛苦，他在来信中说："琼妮，以前我对上帝有成千上万的问题，却没有答案。现在我仍然没有全部答案。可你知道吗，我不再有更多的问题了。认识他就足够了。"

我祈盼你在心痛和困苦的时候能说出同样的话。史蒂夫·埃斯提和我衷心感谢你跟随我们完成本书之旅。但愿这本书里的观念使你振奋精神，将信任的手放在掌握全部答案的那一位的手里。

琼妮·厄尔克森·多田，2001

附录

事工在继续

论琼妮去哪里，无论她遇见的是圣经学者、神学
无 家，还是残疾儿童的母亲或坐轮椅的少年，他们
都会这么说："我读过你的《风闻有你》，那是我看过的最
好的一本论及苦难的书！"

听到这样的评价，琼妮最开心了。她通过自己的事工结
识了无数受伤和绝望的人，他们都有过在上帝的美善和痛苦
的难题中挣扎求解的经历。琼妮说："我尽力去帮助人们回
答有关上帝的根本问题。如果我们能培养自己'正确思考'
上帝以及他与我们所受苦难之间的关系，那么我们就离完全
遵从上帝旨意的生活目标不远了。我要万分感谢我的好友和
导师史蒂夫·埃斯提，《风闻有你》里绝大多数针对经文的
见解都是他提供的。正是从史蒂夫那里，我学到了这些出自
上帝话语的绝妙真理，它们极大地改变了我的生活。"

　　《风闻有你》改变了很多人的生活。事实证明，这是一本适合各类人群的畅销书。虽然史蒂夫·埃斯提和琼妮以一种轻松随意的风格写作此书，尽管此书比较简短，但它碰触的是人们提出的最严肃的一些问题，探讨的是上帝和世间苦难的关系。

　　自上世纪70年代《上帝在哪里》和《风闻有你》两书问世之后，琼妮陆续收到数千封来信，写信的都是正在苦难中挣扎并有待克服沮丧或抑郁的人。琼妮祈求自己能有效地回应众多的需求和疑问。在几位顾问的帮助下，她创立了一个促进基督教事工在残疾人群中发展的组织——"琼妮之友"。

　　1982年，琼妮嫁给了一位在加州伯班克执教的高中历史老师肯·多田。琼妮的著作有29本之多，其中不乏畅销和获奖之作。她的著作涉及的主题十分广泛，从服侍残疾人到鼓励人们追求上帝，不一而足。琼妮和丈夫肯·多田现居加州卡拉巴萨斯，二人皆为"琼妮之友"的董事会成员。

美好事工

　　自从1979年成立以来，"琼妮之友"一直致力于在残疾人群中传播基督的爱和福音。"琼妮之友"的目标是以切实可行的方法满足这个人群的身体、情感和属灵的需求。

　　"琼妮之友"旨在招募、培训和激励新一代残疾人，帮助他们成为其教会和社区的领袖。此外，"琼妮之友"还为教会提供实际有效的项目、培训和资料，希望借此装备并动员教会开展助残事工。

从本地社区到异国他乡，"琼妮之友"都力争以实实在在的方式告诉残疾人：上帝并没有遗弃他们。

琼妮的话

"1967年，一场跳水事故剥夺了我使用双手和双腿的能力，我发现自己被绑缚在医院病房里的一张史赛克翻身床上，不知道自己是否再有微笑和希望。我变成了日益庞大的残疾人群的一员，也险些被列入抑郁病人名单。

"我的教会和家庭为我提供了帮助，带来了盼望，让我看到苦难背后的意义，终于，我感到前途不再一片漆黑。正是教会使我们与现实保持联系，为我重新进入生活铺平道路。

"不但如此，这特殊的疾患还激励我与'琼妮之友'的一群才能卓越的员工一起，致力于促进宣教事工，并为全球的残疾群体提供帮助。《路加福音》14章13、23节中记着耶稣的教诲：'你摆设筵席，倒要请那贫穷的、残废的、瘸腿的、瞎眼的，你就有福了！……勉强人进来，坐满我的屋子。'

"而关键就在于这句'你就有福了'。当我们超越自己的舒适环境，去拥抱自己不喜欢的人，这时我们就有福了，因为领悟到：当我们见识贫穷的时候就更富足，看见软弱的时候就更强壮，懂得呼求上帝的时候就成为上帝恩典的领受者。是的，'琼妮之友'的目标在于促进助残事工，更在于改变教会和社群。你要先改变自己，因为当你通过我们的项目与我们合作或者用你的才能和祷告支持我们的时候，我坚信你也'有福了'。"

"琼妮之友"地区事工

"琼尼之友"的异象，就是发现残疾人群极易被人忽视的需求，训练地方教会，帮助他们更有效地在这个被忽视的宣教工场服侍。正是这个异象促使"琼尼之友"开展地区事工。地区办公室能够以个人为单位提供服侍。"琼妮之友"在美国重点地区设立的地区事工办公室的数目正在增加，其中包括北卡罗来纳州的夏洛特、伊利诺伊州的芝加哥、得克萨斯州的达拉斯和沃斯堡、明尼苏达州的明尼阿波利斯和圣保罗、俄亥俄州北部、宾西法尼亚洲东部、亚利桑那州的菲尼克斯、加利福尼亚州的旧金山湾区和萨克拉门托。

"地区事工"团队与其所在社区"身处同一战壕"。"朋友"项目培训并装备志愿者以个人为单位有效地服务于残疾人群。"琼妮之友"地区事工为教会提供项目资料、培训、课程和特殊方案，均为其在社区内开展有效的助残事工而设计。

"地区事工"开展的最有效事工之一便是"特殊递送"项目。教会团体或个人给那些在长期护理或康复中心生活的儿童和成人准备并递去包含灵修材料的精美包裹。每年都有数千生命受到感动，因为当地信徒通过"特殊递送"项目献出爱心，使他们获得希望和鼓舞。此外，地区事工在"合家欢"和"轮椅世界"活动的人员配置和项目执行方面也起着主要作用。

"地区事工"承诺：从地方做起，了解并满足那些受残疾影响之人的需求。

广播和通信

"琼妮之友"是一个由琼妮本人主持的5分钟广播节目，除周末外每天播出。这个节目由全世界450多个电台广播，850多个分台每天播放1000余条。

"琼妮之友"是一个鼓舞人心的节目，以圣经的视角探讨了广泛的话题。在应对与助残意识相关的问题时，琼妮就某些疑难问题提出了独到的、基于圣经的个人见解。她那富于感染力的喜乐和坚定不移的信念给成千上万面对人生巨大打击的人带来了希望。

每个月，"琼妮之友"的通信资源部都会收到超过800通书信、电邮和电话。很多来自寻求鼓励和支持的残疾人，也有些人因朋友或家人新近残疾来寻求信息，还有些人读过琼妮的书，听过她的广播节目或在大会上听过她的演讲，对她表示感谢。最令人激动的是，有些人表示有兴趣在自己的教会或社区开展助残事工。"琼妮之友"会为那些有需求的人联系教会、机构或我们自己的某个地区事工组织，以便开展后续服务。

合家欢

　　统计显示残疾人家庭多有关系紧张、压力大的问题，离婚率也颇高。因此，有效的助残事工就必须努力满足所有家庭成员的需求。"琼妮之友"的"合家欢"通过开展有趣的消夏活动来做到这点。每年夏天在全美9个地点举办的"合家欢"提供丰富多彩的活动，使受残疾影响的家庭在一种互助氛围中感受到欢迎、理解和接纳。家人可以一起放松、娱乐，尝试新的体验，增进与上帝的关系。同时，"合家欢"项目也为有共同经验的人进行交往、建立友谊提供很好的机会，他们经历过残疾人生的残酷和喜乐，更容易互相理解。

　　每年夏天，有数百家庭享受到"合家欢"带来的身心恢复和休整，度过美好的一周时间，这得益于志愿者与家庭结对进行的服务。志愿者都经过培训，在他们的关爱和帮助下，这些家庭成员能有宝贵的修整时间。相关领域的专家也可以在此期间为家庭提供实际帮助。

在"合家欢"活动中，家人从他们面对的日常挑战中抽身出来，享受一个充电和激励的间歇，全家人在这里共度难忘时光，建立新友谊，增强信心，提高忍耐力。

轮椅世界

"轮椅世界"事工的迅速发展，证明在发展中国家分发轮椅非常必要，一辆轮椅的价钱在有些国家抵得上人均年收入。世界卫生组织估计全球需要1800万辆轮椅。很多残疾人生活孤单，与世隔绝，缺乏基本行动能力，而且悲惨地与当地教会隔离，从未听过福音的信息，也没体验过基督的爱。

"轮椅世界"项目的优势在于团队协作：地方社区收集使用过的轮椅，经由美国各地劳教所里受过细心培训的囚犯一丝不苟地修复，分送到世界各地。有些人因为得到轮椅，生活得到改观，生命得到改变。

轮椅被运往国外，由职业助残专家和轮椅技师组成的短期宣教团在当地勤奋工作，使轮椅尽可能适合于每一位接受这件宝贵礼物的人，并为接受者及其家人提供轮椅使用和保养技能训练。随每辆轮椅附送的是一本译成接受者母语的圣经，以及耶稣基督的福音——无论残疾与否他都珍爱我们每一个人。这个喜乐的消息自始至终推动着"轮椅世界"。

目前，"轮椅世界"已经向40多个发展中国家递送了

8500多辆轮椅。由于现有修复点的出产能力不断提高,并且在新增修复中心,我们正积极致力于满足全球惊人的轮椅需求量。

"琼妮之友"与"回音山"(Echoing Hills)合作,正在协助组建加纳国家助残中心。中心规划包括一个残疾人居家和职业技能培训机构、一个助残事工培训学校和一个轮椅修复改造中心。这个助残中心将作为样板,为世界各国建立常设部门提供示范。

国际事工

2000年之际,"琼妮之友"扩展国际事工,特许设立志同道合、以基督为中心的海外事工,致力于提升教会和社区的助残意识,装备和培训领头人,协助并开展助残事工。

自从冷战结束、欧洲统一,东欧的政治动乱和种族问题将欧洲残疾人群的需求带入了关注的焦点。在饱受战争摧残的地区,如科索沃,因战乱致残的人数量稳步上升,而对于生活和身体因此被毁的这些人,政府对这个群体的关注却少之又少。

如今,"琼妮之友"的特许事工,如英国的"穿越屋顶"(Through the Roof),被公认为服事残疾人群的领头者。事工项目包括主办助残意识研讨会、领导会议、"合家欢"和"轮椅世界"活动。轮椅修复点设在荷兰和英国。至今，"琼妮之友"在20个欧洲国家通过协助当地助残组织保持着生机。"琼妮之友"在印度和拉丁美洲的事工通过当地宣教士展开，而在中国，"琼妮之友"与政府机关合作进行教育并提供实际帮助。未来的计划包括继续努力增进与世界各地政府和宣教机构的关系，尽心尽力去满足全世界残疾人的迫切需求。

准备体验一下吗？

如果你有意体验激动人心的短期事工，这里有一些很好的机会在等着你！以下面三个项目为例：

"合家欢"项目。每年夏天，我们需要数百名志愿者服务于全美各地举办的针对残疾人的"合家欢"活动。服务队成员被派往各家帮忙。我们提供培训，并将你分配到适合你的技能水平的人家。我们也需要在助残的各类实用科目上有专长的领导和教师。我们的志愿者常常表示，他们通过这些经历所得的祝福远比预想的大得多。

电话：（818）707-5664

电邮：famret@joniandfriends.org

"轮椅世界"项目。如果你希望增加海外工作经验，想去加纳、罗马尼亚、古巴、中国以及其他地方，"轮椅世界"外展项目也许适合你。我们正在寻找助残专家，如物理和职业疗法专家、轮椅技师。我们也需要援助人员、助残事工指导员和有建筑经验的人。这些人共同组成轮椅团队，由我们派往世界各地去获得改变人生的经历。准备迎接艰苦的工作和铺天盖地的祝福吧。

电话：（818）707-5664

电邮：<u>wftw@joniandfriends.org</u>

我们还提供全套服务，教你如何为远征筹集必要的资助！

"助残资源"项目。"琼妮之友"通信资源部的设立旨在给予鼓励和实用资源来帮助受残疾影响的个人和家庭。我们中心提供的资源涵盖各种身心疾病和其他残疾相关问题，并持续增加和更新信息和类别。每个条目平均包含15个机构的描述和性质介绍，并提供链接到具体有用的服务项目的起始点。

我们的所有资源都可在"琼妮之友"网站ｗｗｗ．joniandfriends.org的"有用的助残链接和资源"项下找到。在此仅列举几条：

雇佣

监狱事工

资助

脊髓损伤

看护和独居

助残事工信息
残疾儿童的父母
隐性残疾
多发性硬化症
增强易达性

  我们正在改进网页上的一张以美国地图形式列出的开展
助残事工的各州教会（组织）列表。这个表将帮助正在其所
在地寻找易达的、开展助残事工的教会、组织的人，以及其
他愿意向已参与助残事工的教会学习的人。以下列出的是一
些不限地区的助残组织，也许对你有帮助：

ABLEDATA （辅助技术数据库）
电话：800-227-0216
网址：www.abledata.com

We Media Inc. （我们传媒）
电话：646-769-2722
网址：www.wemedia.com

National Council on Disability, NCD （美国国家残
障事务委员会）
电话：202-272-2004

网址：www.ncd.gov

Cornucopia of Disability Information, CODI （残疾人信息宝库）
网址：http://codi.buffalo.edu

Family Village （家庭村）
电邮：familyvillage@waisman.wisc.edu
网址：www.familyvillage.wisc.edu
Disability Resources Inc. （助残资源）
网址：www.disabilityresources.org

　　鉴于新的需求不断产生，我们的资源中心一直持续更新现有列表并建立新的列表。"琼妮之友"通信资源部是链接到庞大网络的关键一环，这个网络囊括了给予支持和鼓励并提供有用资源的优秀的地区性和全国性事工、组织和服务项目。

　　自从1978年《风闻有你》出版以来，发生了很多事情，上帝利用这本书及其作者，将他的国深入推进到全世界的残疾人群中。感谢你将《风闻有你》推荐给你的朋友，特别是那些正在同急性或慢性病作斗争的人。同时，请祷告"琼妮之友"能够以某种方式帮助那些据你所知有特殊需求的人。如果你想了解怎样才能与残疾人家庭分享基督之爱，请致信琼妮和"琼妮之友"团队：

　"琼妮之友"

　P.O. Box 3333

　Agoura Hills, CA 91376

　818/707-5664

　<u>www.joniandfriends.org</u>

图书在版编目（ＣＩＰ）数据

风闻有你/（美）多田，（美）埃斯提著；朱燕楠，
阚春梅译.—北京：团结出版社，2012.4（2015.11重印）
ISBN 978-7-5126-0892-4

Ⅰ.①风… Ⅱ.①多… ②埃… ③朱… ④阚… Ⅲ.
①纪实文学－美国－现代 Ⅳ.①I712.55

中国版本图书馆CIP数据核字（2012）第079138号

著作权合同登记 图字：01-2012-1899号

Originally published in the U.S.A. under the title: *Step Further, A*
Copyright © **1978, 1990, 2001 by Joni Eareckson Tada and Steve Estes**
Translation copyright © **2012 by Steven D. Estes; Joni Eareckson Tada**
Translated by 朱燕楠 阚春梅
Published by permission of Zondervan, Grand Rapids, Michigan
www.zondervan.com

出　版：团结出版社
　　　　（北京市东城区东皇城根南街84号 邮编：100006）
电　话：（010）65228880 65244790
网　址：www.tjpress.com
E-mail：65244790@163.com
经　销：全国新华书店
印　刷：环球印刷（北京）有限公司

开　本：32开
印　张：7
插　页：16
字　数：125千字
版　次：2012年6月　第1版
印　次：2015年11月　第2次印刷

书　号：978-7-5126-0892-4
定　价：29.00元
　　　　（版权所属，盗版必究）